反直觉销售

[美] 科林·戈金斯（Colin Coggins）著
[美] 加勒特·布朗（Garrett Brown）

李钰纯 译

The Unsold Mindset
Redefining What it Means to Sell

中国出版集团
中译出版社

UNSOLD MINDSET: Redefining What it Means to Sell, Copyright © 2023 by Colin Coggins and Garrett Brown
Published by arrangement with Harper Business, an imprint of HarperCollins Publishers
Simplified Chinese translation copyright © 2024 by China Translation & Publishing House
ALL RIGHTS RESERVED
著作权合同登记号：图字 01-2023-4809 号

图书在版编目（CIP）数据

反直觉销售 /（美）科林·戈金斯，（美）加勒特·布朗著；李钰纯译 . -- 北京：中译出版社，2024.4（2025.7 重印）
书名原文：The Unsold Mindset: Redefining What it Means to Sell
ISBN 978-7-5001-7734-0

Ⅰ.①反… Ⅱ.①科… ②加… ③李… Ⅲ.①销售－方法－指南 Ⅳ.① F713.3-62

中国国家版本馆 CIP 数据核字（2024）第 050676 号

反直觉销售
FAN ZHIJUE XIAOSHOU

著　　者：	［美］科林·戈金斯　［美］加勒特·布朗
译　　者：	李钰纯
策划编辑：	刘　钰
责任编辑：	刘　钰　刘　畅
营销编辑：	赵　铎　魏菲彤
版权支持：	马燕琦

出版发行：	中译出版社
地　　址：	北京市丰台区右外西路 2 号院 3 号楼 10 层
电　　话：	（010）68002494（编辑部）
邮　　编：	100071
电子邮箱：	book@ctph.com.cn
网　　址：	http://www.ctph.com.cn

印　　刷：	三河市国英印务有限公司
经　　销：	新华书店
规　　格：	710 mm×1000 mm　1/16
印　　张：	17.5
字　　数：	200 千字
版　　次：	2024 年 4 月第 1 版
印　　次：	2025 年 7 月第 5 次印刷

ISBN 978-7-5001-7734-0　　　　定价：79.00 元

版权所有　　侵权必究
中 译 出 版 社

科林：献给我的孩子们，利亚姆和凯莱布。

加勒特：可恶，你抢了我的台词！这是给我孩子库珀和布雷迪的。

科林：好吧，那就献给我们的孩子们。

阅读提示

在开始之前，让我们快速过一下……

首先，本书基于我们与上千名从事销售工作多年的专业人士打交道的经验。我们与其中的一些人开展过正式面试，与一部分人有过工作合作，还有一些是我们在演讲活动、飞机、聚会、酒吧、大学，或是在其他场合遇见的，我们千方百计把销售相关的话题引入与他们的对话中。由于许多对话是私密的，对方并不知道有一天我们会在书中写到他们的故事或经历，所以我们觉得有必要也有责任保护他们的隐私。为此，我们对人名、地名或公司名做了一些更改。我们已经尽最大努力来保证故事的准确性，但也无法避免和故事里的人失去联络。所以，我们在不改变故事主要元素和要点的前提下，填充了一些小细节以保持故事的连续性。

其次，在写这本与销售有关的书时，我们无意中发现了单词"no"的复数形式可以是"nos"也可以是"noes"。在我们看来，这两种形式都很奇怪。而且你将看到，这本书是关于"新思维"的，这是一种创新独到的、打破常规的销售思维，所以我们决定加一个撇号（即"no's"）来表示"no"的复数形式（在原文中有所体现）。很显然，我们是打破这个复数形式规矩的"反叛者"。

最后,每个人每天的销售行为都有无数种形式,这种多样性让我们无法给销售对象贴上标签。在这本书中,我们把销售对象称为"买家""潜在客户""顾客""客户",这些术语都是可以互相替换的。

好吧,就这样,让我们开始吧。

中文版序

当我们第一次决定以"世界上最伟大的销售人员的销售思维"为主题写一本书时，我们不知道会发生什么。大家会在意真正伟大的销售员实际上和我们印象中的销售员完全相反吗？大家会在书中看到自己吗？或者，大家能够对我们采访过的成功人士的经验教训产生共鸣吗？这本书能否带领我们踏上一段自我发现和成长的旅程？或是读完后，我们依然会回到以前的思维定式中？那些每天都在进行销售活动的人，即使销售并非他们的本职工作，他们是否也能坦然承认自己的工作就是"销售"？或者仅仅提到"销售"这个词，他们就会开始害怕阅读这本书？

尽管我们无法回答所有问题，但有一件事是肯定的：每个人每天都在推销自己、自己的想法或别人的想法——为了让其他人追随自己的梦想或实现自己的目标。无论是在工作中还是生活中，我们都要知道如何打动别人、说服别人。

我们从经验中得知，我们在课堂上讲的内容对于培养孩子、教育学生、培训员工、说服投资人、完成销售业绩以及其他各种情况都十分有效。

当《反直觉销售》在书店上架并登上《华尔街日报》畅销书排行榜

时，我们所有的问题都迎刃而解，我们之前对于这本书的所有希望和期待都实现了。对此，我们感激不尽。令人兴奋的是，世界各地的读者给我们发来了大量反馈信息。几乎每天我们都会收到读者的电子邮件或社交媒体留言，他们说这本书不仅改变了自己对销售的看法，还改变了他们对自己的看法！

我们的一些学生反馈说，他们之所以能找到第一份工作，正是因为他们在面试中运用了本书的反直觉销售思维来推销自己。一些世界知名公司的高管告诉我们，他们运用书中的理念，成功改变了他们的领导力模式。一些世界顶尖大学的教授告诉我们，他们在课堂上也使用了这本《反直觉销售》，因为销售思维是商业教育中缺失的一个关键部分。一些资深销售专家感谢我们，因为我们把他们做了50多年却无法用语言表达的事情用语言表达了出来。一些企业家告诉我们，直到读了这本书，他们才知道自己为什么擅长销售。一些刚刚大学毕业的销售新人告诉我们，直到读了这本书，他们才知道自己为什么无法在销售工作中取得成绩。我们还从很多读者那里听到了很多故事，他们从失败的销售案例中吸取了教训，并以独特的方式将反直觉销售思维模式运用到自己的生活中。

我们非常高兴，我们的书终于有了中文版，因为这意味着我们关于销售、影响他人和领导力的新型思维模式将被更多人掌握，包括世界上更多伟大的创新者、领导者、高管、学生，以及所有努力让这个世界变得更美好的人。

我们为中文版的问世感到兴奋的另一个原因是，我们在南加州大学的企业家销售思维课上有很多中国学生，他们经常告诉我们，他们多么希望他们的父母、同事、兄弟姐妹和朋友也能感受到我们的课堂氛围。他们向我们保证，诸如"超真实"（第一章）、"刻意无知"（第二章）、"病态乐观主义"（第四章）和"变革型思维"（第七章）这样的概念，对中文读者和对英文原版读者一样有意义。

如果说有什么不同的话，那就是我们比以往任何时候都更有信心——反直觉销售思维可以改变人们在工作和生活中的互动方式，无论他们身处地球的哪一座城市。"销售"不是贬义词，它比大多数人认为的更加重要。我们在这篇文章中讨论的反直觉销售思维不仅证明了这一点，而且适用于从事任何职业、处在任何文化背景中的任何人。

最后，如果你读完这本书，发现了其中的价值，你能做的最有影响力的事就是把它分享给其他人。我们真诚地相信，如果有足够多的人运用反直觉销售思维，我们就可以重新定义销售。我们的目标是，人们不再以"我不是销售人员"为自己辩护，而是为自己每天的销售行为感到自豪。无论他们从事什么职业，当他们不再依靠操纵、欺骗或是不择手段地完成交易，而是敢于展现真实的自我，并因此而受到尊敬——我们知道，如果这些情况真的发生时，无论对于销售人员还是客户，一切都会变得有趣得多。

我们希望所有读者在阅读完这本书时，收获的乐趣和我们写它时一样多！

爱你们。

科林和加勒特

前言

什么是反直觉销售思维？

在每个学期的第一课开始之前，总有那么一个瞬间，我们俩都会彼此对视，难以置信地摇摇头，然后相视而笑。当我们看着一群新鲜面孔第一次涌入教室时，总会被他们的活力所触动。这些年轻人，他们会是未来的高管、创造者、世界领袖；同时让我们感到兴奋的是，他们并没有意识到销售将会在他们的人生旅程中扮演什么角色。但我们俩露出难以置信的笑容，更多的原因还是在于我们自己——难以相信自己能够站在这里。当我们共同站在讲台前，我们知道，这就是我们马上开启神奇之旅的地方，是汇集了我们既擅长又热爱的事情的地方，是我们做着自己喜欢的事同时还能赚到钱的地方。所以，在教室的讲台上授课时，那就是我们的最佳状态。在学期结束前，我们在教室里的大部分时间，就是告诉台下的这些学生，如何展现并保持"反直觉销售思维"。

课程开始时，我们看着学生小心翼翼地打量教室里的每一个角落，心想自己报名参加的究竟是什么课程。教学大纲上写着，他们已经成功报名了南加州大学马歇尔商学院的《企业家销售思维》课程。但是，从学生脸上的表情来看，他们并不确定这是一门什么样的课程。这是销售课吗？是思维课吗？思维课究竟是什么呢？

除了不清楚自己究竟会学到什么知识外，对作为课程教授的我们，学生也毫无了解。他们中的大部分人，从来没有听两个教授同时上课的经历，更别说是我们两个奇奇怪怪的教授了。我们俩的语言风格不像教授（我们的语言有点儿犀利），行为也不像教授（我们上课从来不用幻灯片），穿着也绝对不像教授（除非你脑海中的教授形象是穿着 T 恤衫、连帽衫和耐克鞋的模样）。当我们开始讲课，学生便会立刻发现我们二人的不同之处：一个明显性格外向，另一个则需要一些时间在听众面前热身。然而，当风格迥异的我们开始本学期的教学时，通过这门课程，学生将会学到最重要的知识点之一：无论在生活中还是销售中，成功的道路并非只有一条。

这个知识点尤为重要，因为我们班里学生结构比较复杂，他们有着不同的专业背景，怀着不同的人生理想。班里学生报名课程的学习目的也各不相同，1/3 的学生是为了学习如何推销自己的想法，他们是未来的创业者、营销人员、工程师和创意人；还有 1/3 的学生是为了学习如何推销自己，他们希望得到聘用，梦想升职加薪，建立牢固的人际关系，想要成为领导者；剩下的 1/3 是未来的销售专家，他们希望学习如何推销产品和服务，他们大多是已经踏入销售行业的职场人士，或者是已经结识了某位在销售领域赚到大钱的人物，他们也想变得像这些大人物一样。如果他们中的任何一个人认为，自己报名参加的是一个典型的销售课程，课上将教会他们如何建立客户关系、处理客户异议、达成交易意向，那么他们将很快发现，这并不是我们要教的内容。我们的课程，是需要学生花上 16 周的时间来理解，出色的销售人员之所以取得成功，不是因为他们的所作所为，而是因为他们的所思所想。

为了理解优秀销售人员的思维方式，我们先从两个问题开始。第一个问题和丹尼尔·平克在《全新销售》(*To Sell Is Human*)一书中第三章提到的问题类似："当你听到'销售员'一词时，你首先会想到什么？"这个问题，我们已经记不清问过多少次了——我们问过自己的学生，也问过专业销售人员和那些没有从事销售工作的人，几乎每个人都不假思索、脱口而出他们对销售员的看法，"咄咄逼人""控制欲强""不够体面""不够诚实""令人讨厌"是最常见的回答。如果我们问起那些富有雅量之人对销售员的评价，他们可能会说"坚持不懈""性格外向""不屈不挠""巧舌如簧"，总之，潜台词是一致的："我们不喜欢销售员。"

看起来似乎是这么回事，但我们经常问的第二个问题，它的答案则描绘了一幅不同的画面："你心目中最伟大的销售员是谁？"许多年来，每当我们与世界上那些最伟大的销售者、领导者和变革推动者交谈时，当话题进入尾声，我们都会向他们提出这个问题。他们有些会回答一个自己认识的人，有些会回答一个公众人物，有些人会说在全球范围内行销创意、具有远见卓识的愿景家，也有人会说是无论遇到什么挑战都能通过销售方式解决的家乡英雄，还有人会说是那些拥有数百万粉丝、有影响力的人，甚至还有人会回答说是拥有私人推特账号、不追求蓝 V 认证的人。不管怎样，在每一个回答里，人们都认为最伟大的销售员是那些值得尊重和敬仰的人物。

我们思考得越多，答案就越经不起推敲：人们怎么能够一边敬仰着最伟大的销售员，一边又对"销售员"一词有着负面的刻板印象？对于这些答案，我们不能视而不见，我们需要了解其中的差异。我们想知道，为什么有些销售员可以被奉为高人，而另一些销售员却只能获得污名。

我们开始尝试联系一些人见人夸的销售员，并向他们请教销售方法和技巧。当然，也通过他们找到了上述大家心目中的"伟大销售员"。顺着这条线走下去时，我们发现自己与各行各业的人进行了交流，包括首席执行官、出庭律师、医生、世界知名艺术家、网红调酒师、授勋陆军将军、职业运动员、商学院院长、新闻主播、音乐家、演员和企业家等，人多得我们已经数不清了。

被视作"最厉害的销售员"的人太多了，多到难以想象。斯坦利·麦克里斯特尔将军（您将在本书第二章见到他）告诉我们，他认识的最好的推销员是戴维·格兰奇少将，他是一名"了不起的士兵"，也是一位具有超凡魅力的领导者。格兰奇少将带领团队，激励他们完成了看似不可能完成的任务，就像他在诺曼底率领一个师一头扎进海浪时那样。阿迪达斯（Adidas）全球娱乐和影响力营销前副总裁、椰子（Yeezy）总经理、肖普菲（Shopify）影响力营销负责人、电商巨头收藏迷（Fanatics Collectibles）现任执行董事乔恩·韦克斯勒说："毫无疑问，坎耶·维斯特是我见过的最厉害的营销高手。"前洛杉矶道奇队总经理弗雷德·克雷尔回忆起文·斯库利那超凡的"推销梦想"的能力。我们采访过的两个人在现实生活中认识史蒂夫·乔布斯，他们是世界著名的肿瘤学家大卫·阿古斯博士（第六章会讲到他）和传奇投资人基思·拉博伊斯（传说中的"贝宝黑帮"成员，其成员还包括埃隆·马斯克和彼得·蒂尔），他们二人都称乔布斯是他们认识的当之无愧的营销天才。

与我们交谈的这些优秀销售员都具有各自的风格，但当询问他们各自的销售方法时，我们震惊地发现，他们所说的方法听上去非常相似。除了都拥有"信用卡之王"黑卡外，厨师兼电视名人罗伊·崔、NBA 超级经纪人亚历克斯·萨拉蒂斯和在线学习平台精品大师课（Master Class）的首席执行官戴维·罗吉尔还能有什么共同点呢？只有他们的销售方法！采访的人越多，我们越发现他们的回答有异曲同工之妙。这些优秀的销售员用不同的话语表达着相同的意思。更有趣的是，他们自己并不知道这一点。在采访中，我们不断遇见新的优秀销售员，当我们告诉他，他的某个观点或方法与我们从其他优秀销售员那里听到的一致时，他们总是会心一笑。尽管优秀的销售员并不总是带着特定的意图施展销售技巧，但他们似乎突然明白，为什么自己会在销售方面如此成功，以及他们为什么如此热爱销售这个行业。这些卓越的销售员就像属于同一个秘密团体，遵守着相同的核心原则，但他们各自紧守秘密，以至于他们甚至不知道这个团体的存在。

我们把这些人展现出独特思维方式的优秀销售员称为"有着反直觉销售思维的人"。在销售时，应该如何表现，如何行动以及应该怎么想，他们有着全新思维。关于世界对销售员的期望和对销售员的刻板印象，他们不以为然——在他们眼里，销售过程是一种可享受的、有创意的、充满意义的目标追寻。最重要的是，他们坚信"成为一个好人"和"成为一个好的销售员"并不矛盾。

本书鼓励大家表现出与刻板印象中的销售员不同的样子，这不仅因为销售员要与客户进行交流，更重要的是，他们要与自己对话。"好的销售员"的思维模式也反映了"一个好人"的思维模式——反直觉销售思维不仅要教会大家如何更好地销售，还要告诉大家如何过上更好的生活。所以，我们决定与大家分享自己的发现，因为这不仅帮助我们改变了对销售的看法，还改变了我们对自己的看法。我们希望你也可以做到。

在深入我们的研究之前，让我们先来回顾一下，为什么这一切对我们如此重要。之前，我们两人都未曾设想过进入销售行业工作，但实际情况恰恰相反——我们俩是长期的销售从业者，并且几乎担任过任何你能想到的销售职位。这是如何发生的呢？

像许多初入职场的年轻人一样，销售工作的诸多可能性（包括可观的收入）吸引了我们。科林在成长过程中对销售和销售员深恶痛绝，这种情绪很可能遗传自他的母亲。科林的外公是一个行销商，而科林母亲一直不喜欢科林外公为了推销"到处出差"所带来的不确定性。从加州大学圣塔芭芭拉分校毕业后，科林试图进入自己理想的娱乐公关行业，但他的运气和积蓄几乎同时耗尽，他眼前只有两个选择：一是搬回家与父母同住，二是被迫接受他能找到的房产经纪人工作——销售分式产权度假公寓（但他至今仍不承认那是分时度假产品）。总而言之，科林没有选择搬回家里，而是成了一名推销员。

从南加州大学毕业后，加勒特跟随父亲的脚步，进入法学院深造。3年后，他成了一名律师，为初创公司提供法律咨询服务。他并不喜欢律师事务所的工作，却喜欢这些初创公司的朝气活力。于是，加勒特离开了律所。当初他成为律师，仅仅是因为这是他找到的第一份工作，并且他需要一家公司为他缴纳医疗保险。随后，他在一家推广网络游戏代理的初创公司重新找到了工作。接下来，我们将为大家讲述一些故事，关于我们是如何以及为什么最终爱上了销售。毫不夸张地说，踏入销售行业的决定，改变了我们的生活轨迹，同时也为我们带来了更好的生活。

许多年后，在加勒特担任企业软件安全初创公司百特姆（Bitium）的首席营收官时，他需要聘请一位具有销售团队规模化扩展经验的人。就在那时，科林，一个经验丰富的技术销售主管出现了，两人一见如故。尽管当时还没有提出反直觉销售思维，但加勒特和科林立即就"拒绝采用传统的销售方法"达成了共识，原定的 30 分钟交流变成了两个小时的深入对话，他们谈论到如何打破所能想到的所有销售规则和刻板印象，来创造出一些特别的东西。不久之后，科林以销售高级副总裁的身份加入了百特姆，和加勒特共事。

在接下来的几年里发生了一件有趣的事情：我们创造销售文化的计划成功了，这种文化的基础是，做那些与其他人预期相反的事情。然后，任何一个曾在初创公司工作过的人都梦想过的事情发生了，百特姆被谷歌收购了。自从公司被收购之后，似乎每个人都对我们这个斗志昂扬的小团队取得成功的原因充满了兴趣。那时，我们对反直觉销售思维有了更加深入的了解，并且很高兴能将其传授给其他人，因此，我们创办了自己的公司 18 销售代理事务所（Agency18）。除了创办公司外，我们还被邀请在会议上致辞，主持公司的论坛交流，并受邀在世界各地的大学里进行客座演讲。邀请者希望可以听到一些"典型"的销售主管思考讨论的问题，比如垂直细分领域和进入市场战略等，但风格不同、性格相容的我们只是告诉他们：不要按照别人的期待做事。

听众的反应总是让我们感到惊讶。在活动结束后，听众总会排队告诉我们相同的两件事：要么是"直到今天我才知道我为什么过得挺好"，要么是"直到今天我才知道我为什么过得不好"。我们开始意识到，原来自己可以对卖家和买家看待销售的方式产生影响。我们的使命是将其付诸实践，激励尽可能多的人运用反直觉销售思维，并永远消除销售的污名。

我们前往包括南加州大学在内的许多大学进行客座演讲。有一天，南加州大学格赖夫创业研究中心的执行董事海伦娜·伊利-伦科打电话给我们，说她对我们讲授内容的反响感到兴奋，想知道我们是否有意愿为学生开发一门课程。海伦娜告诉我们，销售对于创业的成功至关重要，而商学院里关于销售的课程却少得可怜。我们回答："当然愿意！"我们抓住了这个机会。就这样，唯一一门高等教育级别的销售思维课程——《企业家销售思维》诞生了。

在我们开发课程的过程中，我们将反直觉销售思维归结为9项核心准则，在接下来的内容中，我们为每项准则专门开设了一个篇章。想到要在要求最高的群体——大学生面前进行授课，在这样的压力促使下，我们做了大量的研究，以充分说明反直觉销售思维为何有效。我们俩很快发现，自己意外地被心理学文献的一些分支所吸引。从那以后，我们从未停止过探索和研究的脚步。虽然许多关于销售的研究都集中在如何使用心理技巧"引导"人们去购买，但我们的研究进入了一个完全不同的工作体系。其中一部分强调为什么那些拥有反直觉销售思维的人会以这样的方式进行思考，另一部分则揭示了传统销售中遇到的挑战，包括销售过程中实际面对的和心理上应对的挑战。此外，书中还展现了许多来自各行各业的人是如何运用创新力、后天培养的乐观主义和主观能动性来面对挑战的。

尽管每一章的核心思想都是独一无二的，并且都有自己的一套方法论，但这些核心思想都是相辅相成的。您将看到，第一章中描述的真实心态如何巩固第四章中病态乐观的心态，第二章中描述的刻意无知的做法如何强化第六章中的团队合作心态，等等。反直觉销售思维包含了以上所有概念。

无论你是否真正从事销售工作，你都会在反直觉销售思维中发现一部分自己，并且收获思考和对待生活与销售的宝贵经验。当我们看到，自己的教学内容对我们的学生、客户和听众产生了多么强烈的影响时，我们知道，这本书必须被写出来。所有人都非常需要享受销售的过程，并且被这个过程所滋养。毕竟，每一天、每个人都离不开它。

对于从事传统销售工作的人来说，找到更健康的销售方式至关重要。我们进行的一项研究表明，有 2/3 的销售人员反映，他们的状态接近或已经精疲力竭了。

销售人员也特别容易出现焦虑、抑郁和成瘾等心理健康问题，因此，找到一种方法让销售人员在售出更多产品的同时也能享受工作的快乐，至关重要。

对于那些不是专业销售人员，但每天都需要进行销售的人（除专业人士外，其他人几乎都是如此），销售所带来的焦虑可能是压倒性的，而"不愿销售"将可能导致他们在生活上和事业上错失更多成功的机会。

我们的任务，是通过改变人们对自己的看法，来改变他们对销售的看法。从过去的经验中，我们了解到，当销售以正确的方式、正确的理由进行时，便可以带来真正的改变。销售可以改变环境，改变思想，改变生活，让一切变得更好。你可以说我们太天真，但我们真的相信，如果每个人都能多以反直觉销售思维来看待销售，那么销售行业就可以摆脱刻板印象，并像其他那些服务他人和造福社会的行业一样，得到更多的尊重。

我们不知道是什么样的契机让你拿起这本书，但我们知道，你和我们在书中相遇了，我们很高兴能陪伴你一起开启这段旅程。

目录

阅读提示 …I

中文版序 …III

前　言　什么是反直觉销售思维？ …VII

当销售以正确的方式、正确的理由进行时，便可以带来真正的改变。销售可以改变环境，改变思想，改变生活，让一切变得更好。如果每个人都能以反直觉销售思维来看待销售，那么销售行业就可以摆脱刻板印象，得到更多的尊重。

第一章　摒弃虚伪的套路，一定要做回真实的自己 …001

销售中最严重的错误就是令人厌烦，以及虚伪。实际上，销售人员自己也不喜欢戴上虚伪的面具。我们需要放弃模仿和伪装，真诚地进行销售。同时，真实地做自己，面对并接纳自己的优缺点，不断成长，这不仅有助于维护客户关系，也能提高销售人员的工作满意度，降低其离职率。

第二章　你不必无所不知，请练习"刻意无知" …029

"销售人员必须无所不知"——这种观念会导致销售人员给客户留下不良印象，影响客户关系。当你有意识地避免成为"万事通"时，成为客户的决策引导者和顾问，客户才能真正做出自己的决定。

第三章　培养反直觉销售思维，终身学习，终身成长 …053

反直觉销售思维能够让你拥有成长型思维，你将关注富足而非匮乏，成为创造者而非受害者。反直觉销售思维可以让你将销售视为一种学习工具，充满目标感和满足感，在生活和事业中全情投入，不断进步，体验到真正的成长。

第四章　重塑大脑，保持积极乐观的心态 …081

乐观主义者相信眼前的困难和失败只是暂时的，他们不会放大困难，也不会自我责备。保持积极乐观能够提升自身能力，自我赋能，并努力改善结果。我们的大脑具有可塑性，我们可以有意识培养好的习惯，抑制消极思维，发现更多的美好。

第五章　与客户建立爱的联结，加深理解与信任 …107

当销售人员与客户及其他人形成情感联结时，彼此间的信任也会不断增加，销售人员对客户的同理心和理解也会越来越深。爱在销售中是一种积极的力量，能让沟通更加顺畅，提升客户满意度，使大家都感到愉悦舒心。

第六章　运用合作思维，将潜在客户视作队友 …135

拥有反直觉销售思维的销售人员以合作思维开展对话，他们把客户当作队友，朝着共同的目标一起努力。他们支持潜在客户，同时也让客户成为自己的支持者，并最终为自己和客户负责。对于成功快乐的销售人员来说，合作思维模式已经融入他们的工作习惯，他们对待客户真诚热情，面对挑战时勇往直前、无所畏惧。

第七章　突破旧有的交易型思维，用变革型思维升级销售 …163

优秀的销售人员会不断寻求新的机会，不断打破传统观念，通过变革型思维进行思考。他们不会操纵感知价值，而是积极寻找提供实质性价值的方法，这种价值将超越眼前的交易，产生变革性的影响。

第八章　唤醒并激发内在的创新力，充分表达销售的艺术性 ...189

创新力是反直觉销售思维的关键。激发内在的创新力，能够引发积极情绪，促进心理健康，增强生命力，有效减少抑郁、压力和焦虑，增强免疫力。销售是科学也是艺术，不断发挥创新力，有助于确保时时关注销售的艺术性，使销售工作变得更加有趣。

第九章　设定目标，达成目标 ...211

所有销售工作都需要有具体明确且有意义的目标，但业绩目标不是驱动销售人员前进的唯一动力。当我们通过反直觉销售思维设定使命导向目标时，就能够发挥自己的潜力，改变与客户之间的互动方式，赋予销售更大的意义。我们会不断提醒自己，销售不仅是完成交易和达成业绩目标，它还可以成为强大的行善工具，能够对这个世界产生巨大影响。

结　语　一切即销售，销售即一切 ...239

销售提供了独特的机会，让我们表达自己，与他人联结，了解自己以及更多值得探索的事物，发挥创新力，在挑战中成长。更重要的是，销售可以帮助人们进一步实现自己的目标，比如获得支持，解决生活中的问题，甚至推动变革，引领发展。销售将改变我们的生活，改变他人的生活，甚至改变世界。

致　谢 ...251

第一章

摒弃虚伪的套路,一定要做回真实的自己

销售中最严重的错误就是令人厌烦，以及虚伪。实际上，销售人员自己也不喜欢戴上虚伪的面具。我们需要放弃模仿和伪装，真诚地进行销售。同时，真实地做自己，面对并接纳自己的优缺点，不断成长，这不仅有助于维护客户关系，也能提高销售人员的工作满意度，降低其离职率。

在莫斯科郊外一个灯光昏暗的房间里，亚历克斯坐在一张桌子旁吃晚饭。桌子的另一边，一名俄罗斯彪形大汉坐在两名身穿深色西装的魁梧保镖中间。谈话的语气相当友好，但每个保镖的桌前都放着一把枪，十分显眼，似乎在提醒亚历克斯谁才是桌上的老大。没过多久，一杯杯伏特加被端上了桌。亚历克斯出于礼貌，喝了起来。酒杯一次次斟满又喝空，亚历克斯与这些俄罗斯大汉干了一杯又一杯。

晚餐快结束时，话题终于转向亚历克斯手头的工作。当年24岁的亚历克斯，是一个有抱负的体育经纪人。他从美国飞到世界的另一端，希望签下一位名不见经传，但很有希望入选NBA的俄罗斯篮球新秀。坐在亚历克斯对面的是篮球新秀的利益相关者，他能最终决定谁将成为这位新秀的经纪人。

亚历克斯告诉我们，当他为了签下运动员而推销时，他做了自认为一名优秀经纪人应该做的事情——努力把梦想推销给客户。亚历克斯表现得像他心目中的超级经纪人那样，向这名俄罗斯球员描绘了一幅诱人的画面：有朝一日他将成为一名NBA超级巨星，并享受着美好的生活。亚历克斯谈到了职业篮球的魅力、奢华的生活、全明星赛、天价合同，还有那些只有精英球星才能享受的特权。这位年轻的俄罗斯球员有可能抵达这样罕见的高度吗？当然。有多大的可能？几乎没有。但在酒精的作用下，亚历克斯滔滔不绝，想着无论如何都要达成交易，踏上归途。

当他说完后，俄罗斯人似乎很高兴。"如果你能为我们做到这一切，"这位俄罗斯大汉说道，"我现在就愿意和你握手成交。"亚历克斯抓紧了椅子，伏特加酒和这一刻的兴奋让他头晕目眩。这可是历史性的突破，这名俄罗斯球员将成为他的第一个客户，球员梦想中的职业生涯即将开始。"但是，"俄罗斯大汉继续说道，"我们知道你的地址、你的女友、你在哪儿工作。如果我们发现哪里不对劲，我们会去找你的。"

一瞬间，喜悦变成了恐惧。亚历克斯所说的真实性受到了质疑。他刚才做了什么？为何推销得如此卖力？为了达成这笔交易，亚历克斯的确可以不顾一切，但他愿意把自己和未来妻子的性命押在他描绘的这幅蓝图中吗？当然不愿意，他心想。最终，亚历克斯没有签下这名球员，但他内心平静，感觉躲过了一劫。

如今，亚历克斯·萨拉蒂斯已成为体育界最有影响力的经纪人之一，并成功为客户扬尼斯·阿德托昆博谈成了迄今为止 NBA 历史上薪水最高的合同之一。亚历克斯以其非正统但真实的风格受到许多业内人士的尊敬，这在很大程度上体现了反直觉销售思维。当有人告诉亚历克斯，他是"他们见过的最好的傻瓜"时，他把这当成一种恭维。因为亚历克斯知道，他是通过做真实的自己赢得了这样的名声。如今，他不再伪装成任何角色，而是选择确切地说出事情的真相，虽然这有时可能会很艰难。在一次采访中，他回忆起一名很有可能进入 NBA 第二轮选秀的年轻球员，在球员的父母询问亚历克斯将如何"包装"他们的儿子时，他回答道："抱歉，恕我直言，在我们讨论这个话题之前，您的儿子需要确保他能够进入

NBA 球员名单。"这与他多年前在俄罗斯的表现大相径庭。

亚历克斯不想扮演任何一个角色，他只想成为真实的自己。我们每个人都想做自己，但随时随地展现真实的自我不是件容易的事情，尤其是我们发现自己处于需要销售的境地时。

从小时候起，以不真实的方式展现自己会给我们带来压力，这让我们觉得真实的自己不被欣赏。我们总担心自己的头发太长或太短、太直或太卷；裤子有点儿太松或太紧，或是没有穿对品牌；我们不希望人们发现自己认为浪漫喜剧应该有属于它的奥斯卡金像奖类别（科林的观点）；牛津逗号应该进入美国联邦法律（加勒特的观点）；或者我们认为泰勒·斯威夫特在某种程度上被低估了（这是加勒特和科林共同的观点……主要是加勒特的）；等等。来到工作场景，从面试职位的那一刻起，我们会觉得自己需要拥有一个职场人设。这也许意味着我们要扮演一个无坚不摧的"钢铁硬汉"、一个无忧无虑的"好好先生"，或者是一个办公室里"最聪明的智者"。所幸随着时间推移，当我们与同事相处得足够融洽后，能够越来越多地展示真实的自己，比如偶尔卷起袖子让一直隐藏着的文身呼吸一下，或是表达自己不同的观点，或是在需要时寻求他人的帮助。

但是每当谈论我们为了销售需要做的事情时，比如给潜在客户打电话，会见客户或客户经理，在公司内外做销售演示，甚至在非传统的销售场景下，比如在工作面试中推销自己，为慈善事业筹款，或要求加薪时，我们就觉得必须戴上面具隐藏真实的自己——这是许多人如此讨厌销售的一个重要原因。我们认为自己必须假扮成一个超级自信、超级阳光、超级正能量的"销售员"。文化期望深深植根于我们的集体无意识之中。如果性格内向，我们就应该表现得像个外向的人；如果感觉紧张，我们应该掩饰这份焦虑，否则会显得软弱；如果客户犹豫是否要购买，我们就应该不惜一切代价来达成交易。

拥有反直觉销售思维的人通常不按常理出牌，他们不在乎书本上的方法，不在乎他们偶尔的"不愿假装"是否会损失一笔交易，也不在乎是否"一直都是这样做的"。他们知道，从长远来看，如果自己能保持真实，就会取得成功。对他们来说，真实很重要，并且他们已经意识到，无论在任何情况下，表现出真实的自己都会带来巨大的回报。

这听上去太简单了——做真实的自己，但大家总是说得多做得少，特别是当人们处于需要销售的境地时。这能够怪谁呢？人人都在说销售与虚假和操纵有关，这似乎已经形成了一种风气。

你不想成为的那种销售人员

有多少图书和影视作品中对销售人员的描述是"深思熟虑，真诚协作，社会问题的解决者"呢？几乎没有。销售人员总是被描绘成"聪明狡猾的马屁精、花言巧语的老油条或威逼利诱的施压者"。在销售题材的邪典电影《抢钱大作战》(*Boiler Room*) 中，电影主角，一个20岁的黄毛小子把股票卖给利欲熏心的投资者，这显得他在赌博的时候反而更加诚实。"回想起来，赌场是我经营过的最合法的生意，"他若有所思地说，"我看着客户的眼睛，然后提供他们想要的服务。现在，我甚至不需要看着顾客的眼睛，就能推销给他们一些他们从未要过的东西。"在电影《拜金一族》(*Glengarry Glen Ross*) 中，亚历克·鲍德温饰演的推销大师布莱克向陷入困境的房地产销售团队吐露了对于销售的刻板印象："你们的生活中只有一件重要的事，就是让客户在虚线处签名。"在电影《乌龙兄弟》（Tommy Boy）中，克里斯·法利饰演的滑稽又倒霉的汽车零部件推销员汤米说："好，现在是销售时间。"他的老板接着他的话说："记住了，我们要……"汤米努力地接话："我们为了达成目的，要不惜一切代价！"这还不包括那些助长刻板印象的实际销售场景：从总是对观众说"先别转台，还有其他商品"的电视购物广告，到汽车卖场里被软趴趴（令人毛骨悚然）的充气公仔围绕着的竭力嘶吼的销售员，再到服装店如影随形的售货员……

销售培训和有关销售的图书也充斥着如何套路并说服顾客购买产品的内容。有一条经典的策略便是，不断重复顾客的名字，这个策略可以追溯到戴尔·卡内基的著作《人性的弱点》（How to Win Friends and Influence People）一书。卡内基说："对一个人来说，他的名字是所有语言中最甜蜜、最重要的声音。"这个策略的出发点是这样的，不断重复顾客的名字，他将满心欢喜。

另一种多年来广受欢迎的取悦客户的策略是"模仿"潜在客户的肢体语言，这可以使他们在不知不觉中被吸引。人类心理学中有个概念认为，模仿是双方交往的黏合剂，可以带来人与人的联结。但通过模仿所建立起来的融洽关系，应该基于我们与人实际交流时自然而然的倾向和共鸣。如果我们与某人交谈时，一心只想着模仿他们的动作，比如像对方那样交叉着腿或用手托着下巴，我们就无法真正专注于对方所说的内容，这可能反而会阻碍彼此的联结。

如果再加上非常经典的用力握手，你便收获了"三位一体"的销售真谛，尽管这并不真实。就像美剧《办公室》（The Office）里最烦人的角色之一推销员安迪·伯纳德那样，安迪为自己感到骄傲："我将在6周内成为斯克兰顿的二号人物，"他在某一集中自信地宣称，"我如何做到呢？重复客户的名字，模仿客户的动作，还有强有力的握手。我思考问题总能提前一步。"

也许某些人认为戴上面具的感觉很好，但从我们与各行各业的销售人员打交道的经验来看，大多数人都讨厌装腔作势，即使一开始不讨厌，时间久了也会感到厌恶。有史以来最有影响力的广告创意人之一戴维·奥格威写道："推销员犯下的最糟糕的错误就是令人厌烦。"的确，销售不能是无聊的，尤其对于客户和销售员来说。但我们认为，销售中最严重的错误其实是虚伪，这对我们的声誉、人际关系和业务开展都是不利的，甚至有研究表明，这甚至会对我们的健康产生负面影响。

为什么虚伪如此令人讨厌

哈梅特·瓦特曾经是订阅观影平台电影通（Movie Pass）的创始人、著名风险投资公司前期风险投资（Upfront Ventures）的合伙人，现在是风险投资机构共担风险投资（Share Ventures）的创始人和首席执行官。哈梅特告诉我们："一个创始人可能符合所有条件，但有时直觉会告诉我们应该放弃投资，因为感觉对方在某些事情上不够真实可信。这无法细说，但我能察觉到。"鄙视虚伪是人类的天性，我们对此非常敏锐，有时候一眼就能识破那些不真实的东西。与其说服自己去掌握销售中的心理操纵术（这只是销售业务的一部分，几乎等于善意的小谎言），不如把注意力放在商科教授兼研究员彼得·赖特所说的消费者"避坑指南"

（Schemer Schema）上。这是买家关于销售人员对自己使用的话术的认识，以及保护自己免受销售人员影响的能力，即赖特所说的消费者"话术应对大全"。这是一种时髦的说法，指消费者看穿销售人员使用的话术，并进入防范状态。

研究人员把哈梅特·瓦特所描述的反应称为"厌恶虚伪"。针对消费者对于个人卖家或品牌主张反馈的相关研究表明："消费者对于感知到的虚伪，会表现出强烈的愤怒。"正如沃顿商学院研究员艾克·西尔弗和他的同事所写的那样，即使客户认定了某位个人卖家或某个品牌，但只要有一条前后不一致的信息，就会破坏之前的信任。简而言之，他们说："摧毁信任只需一次虚伪。"

这正如前面提到的，销售人员在销售过程中不断重复客户名字的策略。作为买家，我们一定能够注意到销售人员对自己使用的招数，并且他们每次使用这一招数都显得很不自然。你会这样对待自己的家人和朋友吗？当然不会。如果一个销售人员对我们这么做，我们不仅很容易注意到这一点，还会因此而生气——原来在销售人员眼里，我们不够敏锐，不会察觉到他们的伎俩。

或者以另一种火爆的销售技巧为例：重复客户所说的话。这通常作为销售培训里"积极倾听"练习的一部分。虽然这种技巧可以显示出销售人员对客户的关心和耐心，但销售情商专家科琳·斯坦利警告说，在销售互动中，买家很可能感受到虚假的同理心。打个比方，销售人员对客户凯西说："我真的很理解你，凯西。"（嘿！为什么不把销售人员的名字也放进去！）销售人员继续说道："听上去你需要一个解决方案。毕竟，你刚才说到，你的团队花了这么长时间来解决这个问题。"如果销售人员在这个时候模仿凯西的肢体语言，凯西可能会翻白眼吧。作为买家，我们的真情实感换来的却是销售人员施展的销售技巧，这没有人能够忍受吧。

甚至我们中的许多人最常见的表演方式也很容易被察觉，那就是假笑。当然，我们假笑通常是为了取悦他人，比如让烦人的亲戚感觉我们真的很高兴在感恩节见到他。但在销售中，客户很容易察觉别有用心的销售动机。畅销书《正能量》（*Rip It Up*）的作者、心理学家理查德·怀斯曼进行了一项研究，他向数千名被试者展示了真笑和假笑的照片，并让他们进行分辨。结果发现，接近70%的情况下，人们可以区分真笑和假笑，而这些被试者甚至只看过照片，没见过真人。

最具讽刺的虚伪莫过于"打造人设"了，不仅消费者对此感到厌恶，销售人员自己也不喜欢戴上虚伪的面具。

即使我们正在假装，我们也不喜欢这样

大多数人都讨厌被要求展现出自己不真实的一面。也就是说，这样的假装是侮辱性的，仿佛真实的自己不够令人印象深刻、不够优雅聪明、不够自信乐观。更重要的是，作为买家，我们讨厌被伪装的销售人员推销、施压和操纵，他们在刻意模仿那些典型的销售人员形象。正是因为知道买家被推销时会有这种感受，许多正在销售或处于丹尼尔·平克所说的"非销售的销售"（non-sales selling）情境的销售人员，感到了刻板印象威胁。这就是困于刻板印象的社会群体中部分人所恐惧的，他们会担心别人用一种负面的眼光看待自己。社会中的刻板印象无处不在。例如，有些人可能会认为，成功的技术主管都是年轻单身的工作狂。正因为如此，有家庭的老员工可能会觉得自己触到了职业发展的"天花板"，而这种想法可能会阻碍他们在职场中发挥出最大潜力。

说起销售，对于那些反对"要使出浑身解数达成交易"的销售人员，他们常常会感到被刻板印象威胁。因为他们知道，要转变人们对销售人员的刻板印象非常难。当被问及从事的职业，或者每当拿起电话打给潜在客户时，他们的心里可能会感到一阵刺痛。甚至，当销售人员与公司其他部门的同事打交道时，他们也可能会感到被这种刻板印象威胁，认为自己被别人视为"避之不及的魔鬼"。对许多销售人员来说，这种感觉会在销售过程中出现。研究表明，刻板印象威胁会影响人们对自己工作的看法，也会影响人们在工作中的实际表现。

刻板印象加剧了心理学家乔治·达德利和香农·古德森所说的"电话销售羞耻感"，销售人员对于拨打推销电话感到恐惧，因为他们总是感到自己给别人留下了"咄咄逼人、不受待见"的印象。这一刻板印象导致销售人员不愿拿起电话或开展一些工作来进行销售。当我们把这件事告诉一个从事销售工作的朋友时，她立刻在自己身上发现了这一点，并回答说："这就是我在美国大选中拨打电话动员投票时的感受！"尽管她不求名利、全心全意地动员选民们投票，但由于被认为"爱出风头、咄咄逼人"，她仍感到了刻板印象威胁，并因此而犹豫过是否要拨出拉票电话。

讽刺的是，当人们遭受刻板印象威胁时，他们通常会采取调整自己行为的方式进行弥补，比如戴上另一张面具以对抗刻板印象。他们出卖的"人设"可能比自己打算卖出的产品还多，这样做可能会带来压力。销售人员告诉自己："我最好完成这项工作，否则他们会认为我不适合这份工作，产品不达标，方案不正规。"对于那些没有从事传统销售工作的人来说，他们会把这段经历抛诸脑后，然后心想："哎呀，总算挺过来了，谢天谢地，我暂时不用再做同样的事情了。"但不久之后，当他们处于另一种销售场景时，那种恐惧感再次袭来。对于那些每天都在从事销售工作的传统销售人员来说，这种心理影响不仅会降低他们的工作满意度，否定职业生涯的成功，还会破坏自身的幸福感。

不真实带来的恶性循环

在研究中，我们发现了一种"毁灭模式"。有许多销售新人，他们刚踏入销售行业时，会试图扮演成自己心目中优秀销售人员的形象。他们认为自己不够出色，觉得自己不符合心目中优秀销售人员的形象。然而，顾客早已看穿了一切，他们的伪装失败了。第一次，销售新人感到了一丝羞愧，既因为没有取得好的销售业绩，也因为自己所做的伪装。

于是，销售新人加倍努力想要扮演好"优秀销售人员"的角色，他们努力阅读海量的传统销售图书，积极参加各种销售培训并整日收听各种关于销售技巧的播客，在工作中努力地向优秀销售人员靠拢。突然有一天，他们开始社交销售、顾问式销售、价值销售、复杂销售、差价销售、挑战者销售，或者什么销售方式流行就用什么。然而，他们仍然时常遭到客户拒绝，更多的拒绝甚至带来了更多的羞耻感。

既然扮演成他们理想中的优秀销售人员这招行不通，销售新人决定转而模仿他们身边业绩突出的同事们。有了榜样的力量，销售新人开始照着榜样进行销售，比如背诵他们在销售电话中的口号，发送相同的电子邮件，讲相同的笑话和故事。但让销售新人感到非常沮丧的是，相似的模仿、行为的复制仍然没有带来好的效果。他们开始感到绝望，绞尽脑汁，想要留住客户。

许多销售人员面临着一个危险的转折点：他们开始责怪客户。对他们来说，既然自己已经试遍了销售培训中的一切方法，尝试了经其他成功销售人员证明非常奏效的全部技巧，那必然不可能是自己的过错。在挂上销售电话后，他们开始咒骂，摔烂电话，逮住一切机会抱怨他们的潜在客户有多么愚蠢。隐藏在愤怒背后的是与日俱增的羞耻感，不仅因为他们没有成功，还因为他们最终表现得就像自己曾经最讨厌的那类人——咄咄逼人、拼命推销的销售人员。

如果没有改变，这一循环就会始于销售人员的不真实感，终于他们强烈的不安全感。这使得销售人员精疲力竭，他们的结局不是离职，就是被解雇。很多负面情绪本可以通过打破循环来避免，这需要放弃模仿和伪装，真实地进行销售。如果你问我们，为什么只有大约20%的销售人员能够出色地达成销售业绩，而剩下的80%却不能呢？那是因为，80%的销售人员总是试图模仿那20%的人，但那20%业绩出色的销售人员从不试图模仿任何人，他们只做自己。

拒绝人设

在美国说唱歌手史努比·狗狗长达几十年的音乐生涯中，他始终毫无保留地展现真实的自我。当我们与他交谈时，他美妙地总结了"做自己"的重要性。"要成为自己的主人，"史努比告诉我们，"只要不伤害别人，我们可以在地球上成为任何想成为的人。"与其立虚假人设，使用销售伎俩，我们更应该意识到，销售的魔力就在于做真实的自己。作者科林曾在无意中发现了这一点，那是他大学毕业后的头几个月，科林正作为经纪人销售分式产权度假公寓。通过亲身经历，科林发现，不真实会影响销售人员的工作表现和自我认知。按照传统的销售培训，公司想把科林训练成一名"典型"的销售员。科林被要求遵守公司的着装规范，于是他把自己新买的Jay-Z风格的简约牛仔裤和系扣衬衫换成了海岛度假风的衬衫和裤子。科林运用在公司培训中学到的话术进行销售，结果反而让大多数客户感受到了"强行推销"的意味。毫不夸张地说，公司找客户难，获客成本高昂，甚至面临着关门停业的压力。面对所有这一切，科林感觉很糟糕，却束手无策。因为他明白，大学刚毕业的自己没有选择的余地。科林讨厌这份工作，也没能在工作中体验到成就感，他没有成功地将产品推销给客户，也没有成功地说服自己。但当时的科林非常擅长推卸责任，在他看来，顾客很差劲，年轻的自己受过良好的训练，销售的产品太糟糕……问题出在所有人身上，自己没有任何过错。

连续两个月都没有业绩的科林，收到了"绩效改进计划"的通知书，这是销售经理告诉科林"你即将被解雇"的委婉托词。科林觉得自己没有什么可失去的，反正快要离职了，于是决定破罐子破摔。科林有意打破了几乎每一条他被教导的"规则"，但这却意外地改变了他的人生轨迹。在"被公司解雇前"的最后一个月，从第一天起，科林就开始"打破"公司规矩，尝试那些完全相反的事情。科林在工作中展现真实自我，这与"优秀"推销员所做的截然不同。他把海岛度假风的衣服挂了起来，换上了一件更适合自己的衣服。只有觉得好笑的时候，他才会笑；遇到他无法回答的问题时，科林会承认"我不知道"。即使答案是否定的，他也直言不讳，而不是拖延时间说："稍等，请让我为您查一下。"科林只询问自己真正想知道答案的问题，而不是销售话术中那些"应该问的"问题。他开始询问一些关于客户本人的问题，科林发现自己开始渐渐享受和客户交流。很快，科林开始期盼更多这样的对话。

随后，科林意识到自己开始寻找客户的优点，而不是急着应对客户的反对意见。他也开始看到自己所销售产品的优点。科林对客户的看法发生了变化，所以他对产品的看法也发生了改变。当科林开启真实、真诚的交流时，潜在客户就变成了有血有肉、有情有义、真实的人。通过交流他感受到，许多客户嘴上说着自己最关心的事情是"和家人一起创造回忆"，事实上却并不愿意为此花钱。客户告诉科林，他们渴望在海滩边或是小木屋里与年幼的孩子共度亲子时光，回忆他们最怀念的童年假期。但他们又说，即便能够负担得起，也不愿意踏上这样的旅行，因为这种旅行就是一次性的投入，他们并不想把钱花在这种无形的事物上。

潜在客户向科林分享自己的人生目标和迷茫挫折，正是这些真诚真挚、吐露心声的时刻，让科林成为打心底支持、认同他们的人。这也改变了科林的销售方式，他不像从前那般佯装对客户表示关心，而是真心实意地关心客户，科林开始在与潜在客户的对话中看到自己的影子。对科林而言，找到潜在客户真正需要的和自己销售的产品之间的关联，渐渐变得容易起来。

科林突然明白：如果销售人员表现得与客户所期待的"优秀销售人员"形象相反，一些更有意义的事情便会发生。客户开始把你当作"真实的人"来对待，而不仅仅是一个销售人员。销售人员也会开始意识到，自己是将产品销售给"真实的人",而不仅仅是一个潜在客户。在一次次真诚的交谈中,销售人员和潜在客户对彼此的好奇心萌发了。不久之后,科林不仅打破了公司的销售记录,并且在他年仅 22 岁的时候,就被要求向销售团队传授经验方法,最终,科林成了全公司最年轻的销售总监。这真的太讽刺了,人们需要被"传授"如何做真实的自己。优秀销售人员需要一个"人设"的想法一直以来根深蒂固,但作为销售人员,我们有权选择拒绝它。

当我们与家人交谈,与朋友交流,只要不是销售时,我们始终都能完美地展现真实的自己。一位我们采访过的销售主管生动地向我们说明了这一点:"数不清有多少次,我在一边旁听我的下属打推销电话,却听不下去了。我不得不问下属'我刚刚在听谁打电话呢?反正不是和我昨晚一起喝啤酒的那个人'。"销售是通过沟通建立联结,这种联结应该和你与朋友一同度过欢乐时光那样自然真实。

许多才华横溢的销售人员告诉我们,自从他们发现这一点后,就更加快乐也更加成功了。思维媒介(MindMedium)是一家创意机构,为决策者、意见领袖,以及耐克、谷歌、百事可乐等品牌提供服务。思维媒介的首席执行官乔恩·达汉告诉我们:"刚刚开启职业生涯的时候,我浪费了 3 年时间试图成为另一个人,而不是做我自己。"后来,乔恩决定做回自己,他的事业也开始飞黄腾达。他培养的真实形象超越了自己的个人形象,真实也成了他的团队和整个公司文化的基础。当我们与他的团队成员们一起共度时光时,我们发现,乔恩的团队成员在湖人队比赛场边接待客户时,和他们在办公场所里的表现一模一样。

真诚是必杀技

真诚在销售中发挥作用的故事并不仅仅是个例。最新研究表明,真诚不仅有助于维护客户关系,也能提高销售人员的工作满意度,降低他们的离职率。虽然已有大量关于品牌传递真实信息重要性的研究,但是对销售人员和客户互动中所展现的真诚的研究才刚刚起步。

位于印度的维布络呼叫中心的销售人员流失率很高,人们却找不到原因。研究人员认为,问题可能出在员工入职培训中传达的信息上。员工被明确地告知应该如何与客户交流,包括他们讲英语时,应该模仿英音或是美音。请不要误会我们的意思,作为美国人,我们有时候也喜欢夸张地模仿一下英音,但目的并不是隐藏真实的自己去讨好别人。

于是,研究人员设计了新的员工入职培训,旨在向员工传达"公司欣赏每一个做自己的员工"这一信息,邀请新员工展示独一无二真实的自己,并思考如何把自己标志性的优势积极地运用于新工作中。结果是惊人的,员工留存率增加了近50%。后来,接受调查的客户也表示,对参加新入职培训的员工满意度更高。研究人员认为,出现这一结果正是因为员工"被鼓励展现真实的自己"。我们的经验足以证明,不仅是在现在的公司里,甚至在自己的整个职业生涯中,"做真实的自己"都是真理。同样地,安永会计师事务所针对保险公司销售和客户的一项研究表明,当保险销售越能够展现真实自我,他们的客户满意度就越高。至于员工满意度呢,从事该项研究的研究人员将结果总结为,员工越能在工作中展现真实的自我,他们对工作就会越投入。

做真实的自己也有益于我们的身心健康。心理学家亚伯拉罕·马斯洛认为，遵从自己内在的、真实的价值观而活对于人类终极愿望——自我实现至关重要。近年来，积极心理学的研究强有力地证实了自我实现与整体幸福感之间的联系。英国心理学家斯蒂芬·约瑟夫在他所著的《真实：如何做自己以及做自己为什么重要》（*Authentic: How to Be Yourself and Why It Matters*）一书中写道，心理学家已经意识到：真实不是通往幸福的捷径，而是美好生活的基石。他提到，在真实性测试中得分高的人，往往对生活更满意，有更高的自尊，并且不太可能感到抑郁和焦虑，他们感觉更机敏、更清醒，并能更好地应对压力。

做真实的自己也意味着我们有更多的意愿去发现自己的优点和缺点，努力让自己成长。保持真实也是取得职业成功的关键因素，对此，我们将在第三章中进行详细探讨。保持真实和个人成长之间的关联强调，做真实的自己并不意味着在人生的某些时刻发现自己究竟是谁，而是我们始终如一、坚持到底。我们应当不断成长，做真实的自己也有助于不断发掘自己的技能点，这样我们就可以一步步把自己塑造成最想成为的人。

当我们与世界名厨罗伊·崔交谈时，我们找到了一个很好的例子来说明真实性是如何演变的。罗伊在洛杉矶时，将韩国烤肉和墨西哥玉米饼结合，在移动餐车上售卖韩式墨西哥卷饼，他的移动餐车因开遍洛杉矶的大街小巷而闻名（第七章中对此有详细介绍）。自那以后，罗伊开了餐厅，策划并出演了多个电视节目，甚至出演了一个以他的生活为蓝本的美食节目《落魄大厨》（*Chef*）（该节目由乔恩·费儒主持）。罗伊大厨告诉我们："我一直在展现真实的自己。随着自身经历的增长，我也在不断成长……如果我10年前不先成为真实的自己，那么今天这个真实的自己也将不存在。"

拥有反直觉销售思维的销售人员告诉我们，销售也是一个极好的发展自我、塑造自我的方式。他们并不是为了顾客而改变自己，而是因为顾客而改变自己，他们会站在客户的角度思考问题，在与客户互动的过程中，不断地学习提升。

做真实的自己不仅对我们自身有好处，也对我们的事业有帮助。其原因还在于越诚实、真诚的人往往会优先考虑他们工作中的内在动机，以获取自己内心真正感兴趣的经验和技能。就像科林在第一份工作中所做的那样，科林发自内心地对与他交谈的、真实的人感兴趣。拥有内在动力就能拥有更多幸福感，也能让我们更加坚持不懈地追求目标。考虑到销售人员不得不经常面对拒绝和失败，这显然是一个巨大的好处。

展现你的思考过程

还记得小时候上数学课吗？老师不会因为你给出了正确答案就给你高分，你还必须展示出自己的解题思路。老师会对你说："说出你的思考过程。"老师想确保学生真正掌握了正确的思维方式和思考过程。在学校之外的"现实世界"中，展现思考过程也一样重要。

谷歌公司以面试题的角度刁钻而出名，如"美国有多少个加油站？"或"你能将多少个高尔夫球装进一辆校车里？"其实，谷歌的招聘经理并不关心应聘者给出的具体答案，而是想通过观察候选人的思考过程来更好地了解他们。作为销售人员，展现你的思考过程也是一种很好的方式，这可以让你的客户更好地理解你的真实想法，并与客户建立更牢固的联系。

那么，拥有反直觉销售思维的销售人员是如何展现他们的思考过程的呢？我们发现，这类人会无意中在客户面前大声地自言自语。我们之前一直没有意识到这种现象的普遍程度，直到有一天，当我们进行采访时，才发现这种无意识行为的可爱之处。当时，我们正在观看一家大型软件公司一位高级销售经理的采访视频。采访刚开始，我们就试图找出我们俩都如此喜欢这位采访对象的原因。这位销售人员向我们介绍他是高级销售经理，话说到一半，他突然停了下来，瞪大眼睛，大声斥责自己说："噢，糟糕！我不能够那样讲。"然后他回头看着我们问道："我可以再试一次吗？"这位高级经理接着说，他一直在思考，这样介绍是否会让职业完全代表自己，所以他努力在自我介绍时隐去工作中的头衔。再次观看采访视频后，我们意识到，正是他自言自语的时刻，我们与他产生了联结。在这几秒钟的时间里，我们仿佛透过了窗户，看到了他原本的自己。我们开始将这种行为视作"展现你的思考过程"的典型例子。当我们想要一探究竟时，我们发现，原来成功人士一直都是这样做的。

在我们观看的一个销售演示视频中，销售进展并不顺利，这时销售人员停下来大声对自己说："啊，我感觉很无聊。"然后她看着顾客问："我听起来很无聊吗？"顾客笑了起来，销售人员仿佛被顾客的笑容点燃了，状态也变得更加松弛舒展，他们之间产生了一种全新奇妙的化学反应。罗伯特·西蒙曾经是一名电话推销员，现在他是加利福尼亚州顶级的出庭律师之一。罗伯特告诉我们，有一次法官要求他重复一遍说过的话，但当他试图回忆时，大脑一片空白。罗伯特羞怯地看向法庭的天花板，大声对自己说："我刚才说了什么？"随后看着法官："法官大人，我真的完全不记得自己刚才说了什么！"在这个罗伯特展现真实自我的时刻，整个法庭和陪审团都爆发出笑声。罗伯特仿佛突然成了陪审团眼中的一个真实存在的人，而不仅仅是一个刻板印象中试图说服、劝诱和哄骗的律师形象。

销售过程中自然流露出的自言自语之所以吸引人，不仅因为销售人员让我们进入了他们的思考过程，还因为我们成了对方思考中的一部分。这通常也为销售人员提供了之前可能得不到的意见，因为他们并没有表现得像一个无所不知、派头十足、过度自信的那种"典型"的销售人员，而是间接证明了销售人员并不是无所不能的。这一点也很有魅力。事实上，我们还看到了另一种展现思考过程的方式，那就是，在互动过程中，坦然承认犯下的错误和中途的失误。比方说，你讲了一个尴尬冷场的冷笑话——其实我们俩也做过这样的事情，只要问问看过我们演讲的人就知道了！但是，承认失误可以化解冷笑话的尴尬。《周六夜现场》(Saturday Night Live)《周末新闻播报》(Weekend Update)环节的主持人科林·乔斯特非常擅长这一点。几乎每一集中，科林都会至少说出一个失败的冷笑话，但他会立即承认这个冷笑话是多么不好笑，再加上一段机智的评论或是一个诚恳的耸肩，科林得到了目标受众的笑声和他们的热烈掌声。可见，承认失误比笑话本身更有效果，有缺点是很可爱的。

此外，承认错误也让你有机会弥补它们。我们最喜欢的例子之一便是美国知名内衣品牌斯潘克斯（Spanx）创始人萨拉·布雷克里的故事，她向我们讲述了一个自己犯下又纠正的错误。萨拉到访南加州大学时，我们班级的学员应邀收听她的演讲。萨拉说起曾经的销售经历让她感到自豪，我们对此感到震惊，尤其是看到现在她的总裁身份时。萨拉说，她早期创立公司的时候，与一位尼曼百货的买手洽谈合作，但进展并不顺利。萨拉发现，客户的注意力正在转移，她感觉自己快要失去这个客户了，但故事结尾出现了转机，并成为传奇。萨拉打破了常规，她把交易放到一边，对客户说:"黛安,你愿意跟我一起去趟洗手间吗?"黛安对这个突如其来的问题表示疑惑。萨拉说:"我知道,这确实有一点儿尴尬。你能跟我一起到洗手间吗?我想给你展示我家产品使用前后的效果对比。"黛安答应了。当时的萨拉穿着奶油色裤子,并没有穿斯潘克斯的塑身裤。随后,萨拉走进隔间,换上斯潘克斯的塑身裤走了出来。黛安看着萨拉说:"哇,我终于明白了。你的这个产品棒极了。我要下单订购一批产品,然后把你的产品放在 7 家店铺里试销,看看效果如何。"几年后,萨拉登上《福布斯》(Forbes)的封面,成了白手起家的亿万富翁。

这一切的关键便是自我意识。销售黄金法则之一:如果你觉得自己的话听上去很虚伪,那你很可能确实虚伪。如果你觉得自己听起来很无聊,我们几乎可以肯定你是对的。在这种情况下,最好的方法是承认这些问题。销售人员经常犯的一个典型错误是,当他们犯了错或感觉有些不对劲时,他们会试图掩饰错误,逃避问题。例如,他们意识到自己念错了一个词语或一个名字,并且整个房间的人都听出来了,但出于某种原因他们会继续讲下去,而不是停下来承认错误。优秀的销售人员很乐意说出他们的想法,发现问题时,他们会勇于指出。如果他们感觉到客户在产品演示过程中失去了兴趣,他们会主动提及而不是试图掩盖这一问题。如果不明白某件事,优秀的销售人员会选择直接询问,而不是故作聪明,不懂装懂。如果他们讲的笑话收到的反应平平,他们会自嘲地承认:"这冷笑话不好笑,是吧?"犯错是人之常情。为了及时纠正错误,你必须承认你犯了错。如果销售人员犯了错却没有及时与客户同步,这种做法会显得很自私。

正如心理学家、沃顿商学院教授亚当·格兰特所写的那样:"除了忠于自己之外，做真实的自己还意味着向外传递自己内心的想法和感受。与其戴上面具，不如让人们看到你的脑袋里真正在想些什么。"大胆展现你的思考过程吧。

无论是谁，都可以真实做自己

作为销售人员，如果你的人格特质反映了最真实的自己，它就可以成为你的销售优势。无论你是理性还是感性、冷漠还是严肃，无论你是喜欢数据分析，还是喜欢与人打交道，你都可以尽情展现自己。如果你机智敏捷，请在你的销售中表现出来。如果你是数字专家，请你找到展示这一特质的方式。包罗万象的反直觉销售思维没有歧视，它有多种多样的表现形式。

关于销售，我们经常被问到一个问题，一个人是否必须拥有外向的性格才能做好销售。关于这个问题的答案，简而言之，绝对不是这样。在新冠疫情暴发期间，远程办公软件变焦（Zoom）变得家喻户晓，变焦的前全球销售运营和支持主管、负责销售团队规模化扩张的高管之一希拉里·赫德利告诉我们，她认识的一些最优秀的销售人员都是性格内向的人。在与销售人员打交道的过程中，我们偶尔会使用性格测试来帮助自己更好地了解他们。我们发现，大多数销售人员确实性格外向。几乎可以肯定的是，产生这一现象的原因在于自选择偏差，我们怀疑"永远热情高涨"的销售人员的刻板印象会让许多性格内向的人对销售及相关工作望而却步。招聘人员也会因为刻板印象的存在，而倾向于选择外向型的人加入销售团队。但外向的人真的具有销售优势吗？未必如此。诚然，外向型的人往往喜欢结识新朋友，天生更善于交际，但正如苏珊·凯恩在《安静》（Quiet）一书中强调的那样，内向者也有自己的社交优势，内向者也可能喜欢与陌生人交谈。凯恩表示，内向者通常并不是不喜欢与人交谈，包括熟人和陌生人，而是他们不喜欢毫无意义的闲聊、空洞的对话或是在谈话中吸引他人的注意力。内向的人更喜欢有实质性的、更亲密的交谈，一对一或小组间的对话。对于销售互动来说，这反而是一个真正的优势。内向者也倾向于积极聆听他人，而不是主导对话。仔细聆听对于做好销售至关重要。同样重要的是，销售人员要理解复杂的想法并用易于理解的形式传达它们，要收集数据并将其制作成有效的解决方案，还要以客户为中心，围绕他们开展每次销售对话。对内向者来说，上述所有技能几乎是与生俱来的。

大厨罗伊·崔也将其商业成功归功于他的内向性格。当我们采访罗伊时，他告诉我们，因为性格内向，所以他不需要成为被关注的焦点。罗伊说道："一个成功的销售人员可以彻底放下自己的身段，而性格内向的人非常擅长这一点。"他强调，这是一种更具包容性的方式，允许其他人真实地表达自己。罗伊评论道："在交谈中，聆听与说话同等重要。优秀的销售人员能够把握分寸，不会适得其反让客户排斥自己。"他说，无论在工作中还是生活中，内向的性格让他有意识地多听少说。对于疑问或异议，罗伊还会非常仔细地考虑如何回应，因为和大多数内向者一样，他需要对自己所说的话有高度的把握后，才会开口。我们可能都知道，通常情况下人们更愿意倾听安静内向的人说话，因为开口说话对内向的他们来说，已经是走出舒适区的行为了。所以我们会认为，如果平日安静的人开口了，那他们一定是有很重要的事情要说。罗伊大厨表示，在创业过程中他意识到，自己的内向性格在销售时其实是一种优势。

罗伊·崔强调的内向性格的特质，解释了我们所观察到的内向者与客户打交道的方式。据我们观察，通常情况下，客户会开始尝试与内向的销售人员交心，希望能和自己真正尊重的人建立深入的联结。内向者也往往会自然而然地遵循我们将在后面的章节中描述的许多其他做法。

当然，这并不意味着天生性格外向的人在销售时应该表现得像内向者一样，而是说无论你认为自己作为销售人员应该是什么样子，你都有权重新评估自己的性格特征，发挥你的自身优势，展现出最好的自己。

真实的界限

关于做真实的自己这一点，有时候我们会不会做得太过了？正如美国心理学家亚当·格兰特强调的那样，做真实的自己并不意味着我们应该毫无保留地让人们窥探自己内心的一切。放纵表达自我的销售人员会变得口无遮拦，这样很容易招致客户的反感。亚当写道："毫无界限的真实性是不负责任的。"我们选择保留某些思想是出于基本的人性本善。在与他人相处时，遵守一定的行为规范通常是很重要的。比方说，当你不知道穿什么时，遵循礼仪和习俗要求穿上蓝色西装一定不会出错。

另一位拥有反直觉销售思维的非销售岗位的销售人员也和我们谈到了这个观点。阿里·梅尔伯是微软全国广播公司的首席法律记者，也是《与阿里·梅尔伯一起的节奏》（*The Beat with Ari Melber*）节目的主持人。除了出色的新闻报道纪录外，梅尔伯还因在新闻报道中引用说唱歌手和嘻哈艺术家的歌词而闻名，这充分体现了他对音乐的热爱。然而，当梅尔伯在电视上露面时，他总是西装笔挺，即使牛仔裤和连帽衫更符合他的风格。

与所有销售形式中的真理一样，梅尔伯的可信度和专业度是他取得成功的关键。"有些特定的行为风格和习惯，会让我们联想到工作中的专业性，尽管并没有人能真正证明这一点。看起来上了年纪的主持人会给人一种专业的感觉，虽然事实并非如此。也有新闻节目主持人穿着皮夹克或露出文身，却依然保持着新闻播报的专业素质。但在静态画面或社交媒体中，情况可能会变得更加复杂，因为新闻主持人必须花更多力气向观众证明自己是靠谱的。"明智的梅尔伯在独特表达自己与符合观众期望之间，划出了一条清晰的界线。

对梅尔伯来说，做真实的自己并不意味着总是做一些出格的事情来吸引人们的眼球。我们每个人都是独一无二的个体，但作为人类，我们也彼此共享着很多相同的价值观，这源于我们的人类基因。社会期望也影响了我们的行为模式。在生活中，遵循某些特定的行为准则是很关键的。在成长过程中，我们所接受的关于社交礼仪和处事原则的教育对社会运作至关重要。如果我们天生倾向于表现得像个混蛋，从不表达感激，肆意嘲笑别人，随便评判他人，那么我们最好在这些方面不断改进，摆脱这样一个"真实的自我"。调整自己的行为以适应社会规范并不是虚伪的，而是个人成长的关键部分。久而久之，我们会开始在个人生活中建立积极的行为习惯。对初次见面的人报以微笑没有什么不好，即使我们无法完全感同身受，但对他人的不幸表示同情也是一种基本的善意。问题在于，我们为什么以这种方式行事——是为了讨好客户达成交易，还是为了成为一个善良的人。

本书中涵盖的所有积极的销售要素，都可能被利用，以不真诚的方式来操纵或影响他人。这可能偶尔会骗到一些人。但关键在于，人骗不了自己，而拒绝自欺欺人是做真实的自己的核心所在。比起关心其他人在想什么，专注于自己的想法会让我们更接近成功。

关于真实性的一个巨大讽刺是，我们接触到的文化表达似乎避免不了人设，所以做真实的自己对我们而言可能会面临挑战。一方面，如果我们突然开始以不同的状态示人，我们的同事会怎么想？我们不会因此而受伤吗？如果我们在销售过程中展示了真实的自我，那么面对拒绝会不会让我们更加难以接受？如果我们感到无聊怎么办？科林在他的第一份销售工作中主动撕掉了虚假的面具，因为他感觉自己已经受够了，并且认为自己没有什么可失去的了。但是，如果你所处的环境无法给你这般信心，那么采取循序渐进的方式也是可行的。刚开始的时候，部分人会不可避免地重新戴上面具。虽然听起来有些疯狂，但展现最真实的自己的初级阶段有点像学习如何冥想。去掉脑海中的思虑听起来很简单，但试着静坐15分钟不去沉浸在任何思绪中，可能就没那么容易了。这就像对某人说："不要想长颈鹿。"一旦你这样告诉他们，除了长颈鹿他们就什么也想不起来了。

当你努力摒弃面具、追求真实的时候，请允许自己尝试一些看似远离舒适圈的事情。如果你在客户面前搞砸交易，或是你们的对话听起来很尴尬，承认就是了。而如果你的感觉到位，感知到了真实的自己时，认真投入，真实地活。如果你转变了自己对销售的理解，那就按照自己的方法去做，并坚持下去，你将获得真正的解脱。

我们选择"真实"作为本书开篇第一章的主题，因为它是将所有反直觉销售思维特征联系在一起的纽带，也是我们从现在开始介绍后续其他内容的关键。我们分享的这些实操指南之所以奏效，也是因为它们是真实的。在这里特别强调，本书并不是推荐另一套销售人员的行为准则，而是要向读者展示，拥有对自己诚实、对客户真诚、接纳不完美的特质，可能会让你成为一个优秀的销售人员。

第二章

你不必无所不知,请练习"刻意无知"

"销售人员必须无所不知"——这种观念会导致销售人员给客户留下不良印象,影响客户关系。当你有意识地避免成为"万事通"时,成为客户的决策引导者和顾问,客户才能真正做出自己的决定。

通常情况下，销售不是一件关乎生死的事情，但在斯坦利·麦克里斯特尔上将的职业生涯中，销售关乎生死存亡。在将近35年的服役时间里，麦克里斯特尔上将曾经是美军第75游骑兵团成员、反恐专家、美国联合特种作战司令部的领导者，最终成为驻阿富汗美军和北约国际安全援助部队指挥官，指挥着来自46个联军国家的15万名战士。作为一名军事领导者，麦克里斯特尔上将的工作是将各种大大小小的任务"销售"给他的下属部队，其中许多任务非常复杂，并且往往涉及最高利益风险。

我们有幸与麦克里斯特尔上将进行了一次长时间的对话，询问他的经历和对销售的看法。上将解释说，在军队中，将军进行的"销售"被称为领导力，但有时候事情的进展并不如人所愿。他告诉我们："对于军人，尤其是将军，幽默讽刺漫画里似乎有一种特定的夸张形象，人们有时也会期望将军具备某种特定的形象。如果你想激励团队，有时候照着刻板印象中威严的'将军形象'那般行事是有帮助的，挺起胸膛，发表慷慨激昂的演讲，看起来很像那么回事儿。但有时候平易近人一些，表现出与刻板印象相反的行为反而会更好。"

麦克里斯特尔上将说到这儿的时候，我们竖起了耳朵。在商业环境中用出其不意的举动打破刻板印象是一回事，但我们总觉得，在军队中一切听从指挥是很重要的。更令我们吃惊的是，上将告诉我们，虽然冒着高风险，但军事领袖还必须做到"刻意无知"，选择性忽略部分具体的军事行动细节。

他说："当你在军队中达到一定级别时，有一种诱惑会让你觉得必须保住自己的声望，成为一个无所不知的全才，知道所有问题的答案。因为你认为如果不这样做，就没有达到人们对自己的期望。"上将继续说道，"但更好的指挥官明白，这一点的确很重要，但'不必知道所有'更为重要。那不是你这个级别的领导应该做的。你的职责是让组织运转起来。每个组织或多或少都存在问题，你不必亲自去解决问题，寻找答案，领导者只需要发现问题所在就可以了。"

麦克里斯特尔上将说，对于领导者而言，千万不要刻意练习成为对每个具体操作细节都了如指掌的专家。回顾在反恐战争中的经历，上将说道："人类发明了各种各样的技术设备，我也对它们的功能有一定了解，但我并不打算弄清楚它们的具体工作原理。"他告诉我们，首先，这会花费太多时间，会占用他完成其他重要工作的时间，而他对这些工作负主要责任。上将主动选择了"刻意无知"，因为在他眼里，下属希望领导尊重他们和他们的本领。"其他同事或下属会希望，作为领导的我能足够尊重他们的想法，能看到他们有能力应对工作，但他们也希望我看着他们的眼睛说：'你是这方面的专家。告诉我它是如何运行的以及我们应该做什么。'这是对他们的尊重，而且非常有力量。"

就像麦克里斯特尔上将所说的那样，无所不知是传统意义上对于"完美"销售人员的看法。那些"完美"的销售人员对自己销售的产品了如指掌，他们知道自己会遇到哪些异议，也明白如何轻松处理这些反对意见。

他们知道关于竞品的一切信息，因此可以有力证明自己的产品或服务优势在哪里。"完美"的销售人员熟知他们的客户，了解客户公司的一切细节，比如公司在过去几个季度的业绩如何，潜在客户在现任职位上待了多久，甚至知道客户在社交软件照片墙（Instagram）上最新的个人动态是一张对着健身房镜子的自拍照。"无所不知"被认为是掌握销售技巧的必要条件。但是，正如麦克里斯特尔上将那样，拥有反直觉销售思维的销售人员认为，他们并不需要知道一切。事实上，在许多情况下，他们主动选择了不去了解。

他们在练习刻意无知。

"刻意无知"是福气

作为销售人员，当你在销售产品时，有些事情是你必须了解的，这些内容因不同的产品而异。有时候你必须掌握产品的所有细节，有时候你可能只需大致了解产品的基本情况。我们所遇到的许多优秀销售人员发现：他们不需要无所不知，相反，正是因为"无知"，他们才能更好地进行销售工作。

中心点（HubSpot）是一家涵盖市场营销、销售和客户服务的大型软件开发商。丹尼·雅各布斯是中心点的明星销售员。这个行业竞争非常激烈，中心点的竞争对手包括微软（Microsoft）、甲骨文（Oracle）、思爱普（SAP）和行业领导者赛富时（Salesforce）。这些公司不断优化更新自己的产品，试图在竞争中占据优势。按照传统的销售建议，丹尼应该尽可能多地了解其他公司和它们的产品。许多销售人员花费很长时间去分析竞争态势，阅读竞品报告，全方位了解每个竞争对手和他们的产品。他们的公司也为销售人员提供了内容翔实、细节丰富的竞品优势对比表格，这样一来，销售人员就可以针对客户可能会问到的"你家产品和别家的有何不同"这一问题做出回应。

丹尼却与众不同。他告诉我们："我拒绝这样做。我也从来没有关注分析过任何竞争对手。"相反，他更愿意深挖自家产品的优点。丹尼希望能够全身心投入到他所销售的产品中，并且他完全相信自己所销售的产品。这和在恋爱中对感情保持忠诚、拒绝下载约会软件的行为有点相似。丹尼对自己销售的产品有真诚的信念和热情，他刻意避免任何可能对他的信念产生负面影响的信息。

但是，当你与竞争对手展开销售对抗时，不去详尽地了解对方，难道不是不负责任的行为吗？当客户问起关于竞争对手的问题，你却回答不上来，会不会让潜在客户感到失望呢？但事实上，客户可能会有相反的感受。正如我们接下来要说的，不把所有的答案都挂在嘴边有很多好处。还是拿丹尼来举例，一方面，丹尼的"刻意无知"能够让他坦诚地说出："我明显对自己销售的产品有着主观偏爱，所以关于竞品，我可能没法客观评价。我可以给您介绍一些我们的客户，他们花在评估对手竞争力上的时间比我长得多。"丹尼的话表明他重视信息的准确性，并不仅仅说对自己有利的话。大多数人不喜欢与自私自利的销售人员打交道。

或许，和丹尼不同，你可能是那种喜欢全面了解竞品的销售人员。也许你会觉得，当客户选购产品有疑虑时，作为销售人员的你为客户提供一站式服务会提升销售业绩，并且心甘情愿把时间花在这上面。如果这种方式对你奏效，请尽情投入时间去了解，因为其实这也是发现了真实的自己。我们不建议将"刻意无知"作为一种操作策略，让实际上知识渊博的你选择藏拙。我们的建议是，有时候你可以给自己一些选择"无知"的自由，比如那些不知道反而会更好的事情，目的在于面对必须知道的事情时，你能够释放出真正的热情。不同的人会以不同的方式练习"刻意无知"，它应该为了真正的热情而存在。

我们理解，如果销售人员对产品信息掌握不全面，可能会让某些客户感到不适。毕竟，一连串的数据会给潜在客户留下深刻印象，并更有可能打动客户，让他们买账。但是，根据商业调研与分析公司〔CEB，现已被加特纳（Gartner）收购〕的一项研究，这项研究评估了向 B2B 客户提供"可能需要的一切数据、营销案例和佐证材料"对其决策产生的影响，研究结果表明，相较于更简单、更有针对性的信息，提供给客户如此详尽的信息反而使他们的成交意愿降低了 18%；而提供较简单信息的销售人员达成交易的可能性增加了 62%！

一位广告技术销售人员告诉我们，在她职业生涯早期的一次会议上，一位潜在客户问了几个她无法回答的问题，这让她感到非常难堪。会议气氛开始变得尴尬起来，最终她没有完成销售任务。自那以后，她采取的应对措施是让自己尽可能多地了解产品和客户，以免再次感到尴尬。她花了大量时间阅读和研究，充分了解自己所在行业的一切。由于把空闲时间都花在了成为"所在行业的百科全书"上，她的社交生活受到了影响。这位广告技术销售人员付出的一切努力反而导致她的销售业绩下滑了。

这位销售人员说，如果时光可以倒流，她会把在之前会议上无法回答出所有问题的"无知"劣势转化为优势，反败为胜。她会像现在一样，带着"刻意无知"去参加会议。因为她终于发现，在销售行业中，比起准备好答案，在寻找答案时表现出的足智多谋更具有价值。事实上，这位广告技术销售人员所推销的营销自动化工具与市场上的竞品没有太大区别。但她意识到，她可以改变与潜在客户建立的关系质量，她愿意积极为客户寻找问题答案的过程展示了自己对客户的奉献精神。这也证明，客户的需求和愿望是独一无二的，他们并不需要从销售人员那里知道一切。这位广告技术销售人员从反直觉销售思维中学到了重要的一课，那就是，说出"我不知道，但我会为你找到答案"，这是一种更加强有力的、与客户建立情感联结的方式。

我们遇到的另一位销售人员名叫瑞安·弗格森，他也通过不同的方式让"刻意无知"影响自己的思维模式。从奥多比（Adobe）、思科（Cisco），到泰坦服务（Service Titan），在每个工作过的销售团队，瑞安都是数一数二的佼佼者。泰坦服务是一家面向中小型企业的独角兽软件公司。对于负责的每个潜在客户公司，瑞安都可以获得大量的数据——包括客户公司的人员情况、网络行为、客户来源于高效渠道（如展会）还是低效渠道（如社交媒体广告）。但瑞安拒绝访问这些数据，因为他不想对即将与之交谈的人做出预判。瑞安希望每一通销售电话都能即兴发挥。"每当有潜在客户出现时，我都会感到兴奋，"瑞安告诉我们，"为什么我要提前查看这些信息，然后让每通电话变得不那么有意思呢？我可不想冒这样的风险。"

举个例子来说，数据可能会告诉你，来自某个地区的潜在客户的购买概率会比其他地区低40%。瑞安表示，他担心专注于这个数据可能会让自己过多地关注来自这个地区的潜在客户不感兴趣的原因，而不是花充分时间、以足够耐心去了解他们。瑞安告诉我们，他宁愿与潜在客户进行沟通交流，并用自己的实际经验来指导自己的行为方式。"刻意无知"让瑞安在每一通销售电话中都保持热情和投入，通常他的销售业绩能够超出预期。

"销售人员必须无所不知，或者至少需要给人留下这样的印象"——这种观点是具有讽刺意味的，这种观念会让销售人员在陷阱里挣扎，给客户留下不好的印象，从而影响与客户的关系。

没人喜欢"万事通"

无论是在生活中还是职场中，总有些人会忍不住想证明自己有多聪明。与这种人打交道的痛苦经历，我们每个人肯定都经历过。他们绝非令人印象深刻，而是令人恼火。"快闭嘴吧，"我们心里想，"我懂我懂，你知道的太多太多了！"心理学家解释说，这种负面反应可能部分出于我们的本能反应——本能告诉我们，应该警惕那些利用"知识"来提升自己地位的人。有些人这样做，是出于一种对自己的误解，他们自以为是，认为自己什么都懂。这是一种被称为"优越感"的偏见，这些带着"优越感"的人认为，他们的想法总是比别人的高明。最近的一项研究表明，即使告诉这些自我感觉良好的人，他们脑海里的想法恰恰和事实相反，他们仍然会争辩说自己的想法才是正确的。我们很可能进一步演化为讨厌这类人的炫耀行为，因为我们认为这类人是不值得信任的。所以，面对客户的每一个不同观点，如果因为自己"知识渊博"就立即给出反驳意见，这样的销售人员可能会让客户反感，而不是像销售人员心目中的自己那样——是一个给人留下深刻印象的"专家"。

心理学家指出，一个人总是忍不住向别人炫耀自己懂得多，这可能是内心缺乏安全感的表现。爱显摆的人相信，自己的炫耀行为可以掩盖内心的自我怀疑。所以，对于那些夸夸其谈，我们应该保持警惕，谨慎对待。正如麦克里斯特尔上将强调的那样，有安全感的人往往更愿意承认自己的"无知"，这也为他们赢得了尊重。这就是为什么客户不愿接纳"无所不知"的销售人员，而更倾向于选择那些承认自己"无知"销售人员。因为买家不需要"万事通"的建议，他们想自己做决定。

没人愿意被强行推销

主导权是销售人员可以赋予买家的最重要的礼物之一。拥有主导权时，人们会感觉自己有能力控制行为，做出决定。一旦主导权被剥夺，他们就会感到被操纵，就好像自己的手被摆弄了一样。优秀的销售人员会有意识地化主动为被动，努力将主导权交给客户。他们真诚地希望客户能够根据最适合自己的情况做出决策。

麦克里斯特尔上将强调，正是出于这个原因，高级军事领导者要尽量避免给人留下无所不知的印象。"高级军事领导者可能是房间里最聪明的人，他们可能明确地知道应该怎么做，"麦克里斯特尔上将说，"但他们知道，如果他们能够发动大家找到答案，结果就不一样了，因为这让每个人都有机会去推销自己的想法。大家不是在执行领导的命令，而是在执行根据自己的想法所做的决策。"

所有人都希望对自己的行为拥有主导权，包括购买决策在内。"我已经为你准备好了所有答案"的销售方式会让人们觉得，销售人员没有给他们任何选择的余地，也没有尊重他们的判断和拥有自己偏好的权力。

我们听说过太多这样的事例，销售人员抱怨自己做的所有事情都是对的，但销售还是以失败告终。他们已经向客户提供了所有可用信息，客户也满足了所有购买条件，交易理应达成，但是没有。故事总是相似的："我不明白究竟发生了什么。他们是优质客户，我们得到了决策者的认可，预算也充足，最重要的是，客户与我情投意合！我妥善处理了客户的异议，而且这些异议和交易并没有直接关系。然而，当我询问客户的购买意向时，我听到的回答却是'你是一个很好的销售人员，但是……不好意思，我可能不会购买'。"

客户所暗示的观点是，既然销售人员所说的一切都是真的，那么别无选择，只有这一个可能的"正确"决策。但是人们不希望感觉自己是被强迫的，每个人都希望对自己的选择拥有主导权。所以，当我们感到销售人员认为他们比我们更了解自己应该想要什么时，我们不会觉得这是自愿购买，而是感觉自己被强行推销。没有人愿意被强行推销。人们十分厌恶强买强卖的感觉，以至于对客户来说，即使销售人员所推销的产品确实是最好的选择，他们通常还是会选择拒绝。

作为销售人员，当你有意识地避免成为"万事通"时，你的客户将有权做出自己的决定。这时候，销售人员是决策引导者和客户的顾问，而不是一个独裁者。

知识诅咒

我们还见过一种情况，过多的知识储备反而成为销售的阻碍，因为销售人员可能会误以为潜在客户像他们一样，对他们的产品了解很多，这种情况被称为"知识诅咒",由于认知不在一个层面,销售人员难以用潜在客户能理解的语言与其交流。这是一种认知偏差,作为销售人员的你已经掌握了详尽的信息,并且通常是特定行业里的专用术语。但由于销售人员无法意识到,客户可能没有同样的知识储备,这导致销售人员无法调整自己,与客户在同一认知水平上进行交流。

奇普·希思和丹·希思兄弟二人合著了畅销书《粘住》（Made to Stick),这是一本关于说服性沟通的书,书中解释了"知识诅咒"的本质:"一旦我们掌握了某种知识（比如一首歌的旋律）,便很难想象自己不了解它。已经掌握的知识'诅咒'了我们,向别人分享、传授这些知识就成了一件难事,因为掌握知识的一方无法轻易理解缺乏知识的一方是怎么想的。"我们无法意识到对方究竟哪里搞不懂。

我们经常遇到这种情况,尤其是在行话和术语很多的行业。在销售过程中,"知识诅咒"常常表现为销售人员不断地抛出统计数据和行话术语,却没有注意到他们对面的客户一头雾水。潜在客户觉得销售人员忽视了自己,甚至会觉得他们傲慢自大、居高临下。另外,由于担心被鄙视,客户通常不会要求销售人员解释清楚,这也阻碍了销售人员完成工作。

"知识诅咒"还可能导致销售人员误判潜在客户应该想要了解的信息,以及他们对产品、服务、观念或销售人员自身所应该感到印象深刻的方面。经济学家乔治·勒文施泰因提出了"知识诅咒"一词。乔治和同事发现,知识渊博的专家型销售人员（如销售证券的投资专家和销售葡萄酒的葡萄酒专家）通常因为高估客户应愿意为其产品支付的价格而难以实现销售指标。为什么会高估呢?原因在于,专家型销售人员对于哪些才是优质的产品一清二楚,但是客户并不像专家那样具有如此丰富的知识储备。这在某种程度上解释了黄尾袋鼠酒①的突破性成功。正如金伟灿和勒妮·莫博涅合著的《蓝海战略》(*Blue Ocean Strategy*)描述的那样，黄尾袋鼠酒之所以成功，是因为它的生产商通过专门设计，避免其在品质、复杂性或知名度上与高端品牌竞争。该书的作者写道："黄尾袋鼠酒从葡萄酒品类，换到了'人人都可以享用的社交饮品'赛道，吸引了通常饮用啤酒或鸡尾酒的人群。"黄尾袋鼠酒以薄利多销为目标，有意生产入门级的中低端葡萄酒，引爆了整个葡萄酒行业。简而言之，黄尾袋鼠酒通过关注客户的"无知之处"来赢得销量。

在备课或是准备演讲活动时，我们时刻牢记每一位听众都有不同的知识基础和自己的独特经历。让每一位听众拥有良好的学习体验是我们的不懈追求。我们也努力在与听众的互动中学到更多的知识，就像我们希望他们能够从我们这里学到知识一样。同样地，我们也鼓励听众分享自己的故事，因为每个人都有独特的视角和观点。当他们分享自己的经历时，他们会感到自信，并激励其他人一同分享观点，传递力量。在这种状态下，听众对我们所"销售"的一切持有开放态度，而作为"销售"知识的教师，我们也变得更加享受这个过程。我们观察到，在拥有反直觉销售思维的销售人员身上也有着相同的情况，客户的观点得到了他们的重视。

作为销售人员，当你将客户带入交易过程并使他们成为交易环节中的重要部分时，你将从客户那里收获欣赏和尊重。告诉客户你的"无知"之处，请他们独立思考、独自决策。让销售成为双方意见交换和思维碰撞的过程。

---

① 世界销量第一的平价葡萄酒。——译者注

专注于你热爱的领域

我们与另一位非常成功的销售人员进行了交谈,他在工作中采取对自己不感兴趣的内容"刻意无知"的方式,以保持自己对工作的热情。他叫杰森·奥本海姆,现在的他已经成为奥本海姆集团的所有者,也是奈飞真人秀节目《日落家园》(*Selling Sunset*)中的明星。杰森告诉我们班的学生,当他刚开始从事房地产销售工作时,他并不觉得房地产销售是自己特别擅长的领域。于是,杰森问自己,面对其他瞄准高端市场的销售人员,如何才能从激烈竞争中"杀"出一条生路。杰森审视了自己的优势,尤其是他在之前的律师职业生涯中获得的技能,并意识到自己的职业操守和关注细节是很好的切入点。对杰森来说,他最感兴趣的细节与建筑工程有关,出于兴趣,杰森成了这方面的专家。他可以准确回答有关"是否需要进行装修""翻新需要的大致费用"之类的问题。然而,如果潜在客户向杰森询问商业地产相关的问题,他会立即将客户介绍给对这方面了解更多的销售人员。杰森本应该有能力学习了解关于商业地产的一切知识,作为销售人员,你也可能会想,这样一个顶级房地产经纪人,肯定希望客户眼里的自己是无所不知的。但杰森说,商业地产让他感到有些无趣,与其一个人埋头苦学这方面的知识,不如选择在自己周围组建一个专家团队来处理这些事务。

我们通常认为,要想在工作中表现出色,就必须对全部工作内容或是大部分工作内容充满热情。我们都听过"要追随内心的热情"这句话,它说得很好,却忽略了一个重要的细节。要找到一个完全符合自己心意的工作几乎是不可能的,但我们可以通过精心设计自己的工作,来更好地迎合内心的热情。人们普遍认为，热爱工作的前提是乐于学习工作中需要用到的一切知识。财务顾问应该喜欢研究市场、会见客户，出庭律师最好热爱记录证词、撰写案情摘要。但是，我们在销售工作中看到的是，销售人员完全有可能对于了解一些必要的信息缺乏热情，但同时在喜爱的方面表现出色并充满激情。究竟是怎么做到的呢？原来，看似"矛盾"的销售人员在工作时，总是专注于自己热爱的部分，并对自己不喜欢的部分"刻意无知"。

每个人的兴趣点都不一样，这也适用于销售人员。一些销售人员喜欢关于产品的一切，希望深入研究每一个技术细节，而另一些销售人员觉得技术细节枯燥无味，或者可能根本没有能力吸收技术相关知识。一些销售人员迫不及待地想了解金钱的来龙去脉，而另一些销售人员根本就不愿意谈钱。作为销售人员，我们可以根据自己的兴趣灵活调整工作方式。正如我们之前所说的那样，任何产品都没有"最合适"的销售人员。对于相同的产品，兴趣点截然不同的两位销售人员都有能力创造佳绩。保持"刻意无知"也是我们真实做自己的另一种方式。

在一次采访中，美国国家橄榄球联盟名人堂球员雷·刘易斯曾说过："公司付给我的是星期一到星期六的薪水。在星期天工作是我的荣幸，星期天我免费上班。"换句话说，他的心态是，薪水是用来提升球技、研究录像、治疗伤病、负重训练、各地巡回，以及完成一名职业球员为了保持顶级水平所需要做的其他工作。但在星期天，在聚光灯下，在成千上万的粉丝（还有电视前的数百万观众）面前打比赛，即使得不到任何报酬，刘易斯仍然会选择这样做。充分利用时间去做不计回报的热爱之事，是那些拥有反直觉销售思维的人的一个共同特征。所以说，虽然我们认同"要追随内心的热情",但我们想要补充的是,为了达到最佳效果,我们应该想方设法避免将时间浪费在那些不可避免的、拖累我们热情的事物上。这种形式被称为"工作重塑",这个概念是由耶鲁大学管理学院教授埃米·沃泽斯涅夫斯基和同事一同提出的。工作重塑指人们通过重新设计自己工作的方式和内容,来提高工作满意度、敬业度、适应力和积极性。研究表明,它还可以显著提高工作的生产力。

对销售人员而言,根据自己的兴趣来精心设计工作非常有益,因为它可以让销售人员保持活力。想想那些能够激发自己热情的事情。当谈到自己热爱的事物时,人们心中的热情会被点燃,心中有热爱,眼中自有光芒。好比科林,一谈起运动鞋,他就两眼放光,甚至还怂恿加勒特在二手市场上买了一双耐克运动鞋,要不是科林,加勒特永远都不可能考虑购买这双鞋,甚至根本不会注意到它。加勒特至今不明白这双运动鞋到底酷在哪里,当你读到这里的时候,不知道现在的加勒特是否改变了对它的看法,但由于科林的倾情推荐,加勒特还是买下了这双鞋。而且,每当谈论到自己内心热爱的食物,人们会变得更有说服力。所以,当销售人员面对客户时,将话题集中在自己关注并热爱的事情上会增进客户关系,带来更好的销售成果。

听听专家的意见

销售人员"刻意无知"的能力受到自己能够从潜在客户那里获取信息的资源限制。作为销售人员,也许会有丰富的资源可供利用,即便这些资源不是由公司正式提供的,就像我们在百特姆的销售团队那样。当时我们可以随时向销售工程师和产品专家寻求答案。很多公司都提供这方面的支持，但我们经常听销售人员说起，借他人专业之手助自己销售之力，是一种软弱的表现。他们更愿意亲自学习所有知识，这样遇到问题时，他们立刻就可以给出答案。如果不得不在谈话中停下来并向他人寻求帮助，他们会显得不知所措。但事实并非如此。对销售人员和潜在客户来说，"团队的资源、集体的力量"是一份恩赐。

查克·上野是奥迪在加州最成功的一家经销商店的经理，他告诉我们，该公司认为销售人员充当工程专家并不是利用时间的最佳方式。奥迪的技术支持人员拥有这方面的专业知识，当客户对车辆有详细的技术问题时，销售人员会将客户介绍给具备相关知识的专家。查克解释："我们也不要求销售代表成为财务方面的专家。"奥迪有专门的财务专家来处理客户在交易中与财务相关的部分。"这样可以让我们的销售人员专注于了解自己的客户，理解客户，告诉客户自己最熟悉的内容，并通过尽可能地给予客户最好的资源来指导他们完成购买过程。"当销售人员摆脱了"装腔作势、假装无所不知"的压力时，他们就不会陷入刻板印象中的"奥迪汽车销售人员"模式。

作为销售人员，如果你身边没有专门负责为销售人员提供建议或直接指导潜在客户的专家，你也可以从其他人那里获得很好的答案，如同事、导师、你的人际网络，甚至是现有客户。建立真诚的人际关系是利用这些资源的前提，但你不能时刻依赖这些盟友的帮助。因此，作为销售人员，你需要考虑自己选择在哪些方面"刻意无知"。如果向现有客户求助会侵占他们的时间并对你们的关系造成压力，那就不要这样做。但我们发现，通常人们愿意伸出援助之手，尤其是当请求来自一个待他们友善之人时。

如果你没有同事或客户可以求助，可以尝试在客户提出相关问题前，暂时不要轻易开始钻研那些你不太愿意涉猎的领域。以解决客户问题为目标才会让你的研究更有动力，因为你是为了特定的人去了解研究，而且你知道客户一定会感谢你付出的努力。

保持鲜活

练习"刻意无知"的另一个好处是给自己留有随机应变的余地。销售人员需要经常一遍又一遍地与客户进行相同的对话，这是无法避免的。许多潜在客户也会反复询问同样的问题。作为销售人员，如果产品演示是你工作的一部分，当你在一周内演示了12次产品后，你会感到自己的工作进入了无限循环。这也是销售人员产生巨大倦怠感的另一个原因，销售过程极其乏味，可能是一次次痛苦的重复。有一个简单的改善方法是刻意忽略销售话术。许多销售培训建议，要侧重于感知真实世界，感知人际互动，避免使用套路化的销售话术。这一建议是正确的，脱离销售话术还会让销售工作更有趣。作为销售人员，至少要忽略部分可能会用到的信息，并放弃部分或全部销售话术，这样，你和客户的每一次对话都会充满新鲜感。

凯文·威廉姆斯是一位医疗器械销售专家，他告诉我们，他曾被派往两家不同的公司，一家是上市公司，另一家是国际知名品牌。凯文在这两家公司工作时，他对所要销售的产品信息和客户信息几乎没有任何了解。这种策略是有效的，这两家公司知道他们的做法（几乎不给销售人员提供任何信息）对销售团队是有利的。公司鼓励凯文运用自己的沟通技巧，提出问题，寻求建议，凯文坦诚地告诉别人他是新人，把脆弱的一面展现给对方。凯文从经验中学习，但更重要的是，他会通过积极与潜在客户互动来建立关系，而不是试图运用培训课程或手册中的知识来吸引客户。这两家公司明白，让凯文从客户的角度去了解需要销售的产品、理解客户的独特需求是很重要的。

凯文的故事证明，缺乏专业知识可能反而有助于与潜在客户建立联结。他仍然记得，有一次，他对一位客户说："金医生，我是新来的，只看过一次这个手术。你介意详细地向我解释一下为什么在这种情况下进行腹腔镜手术会增加风险呢？"凯文向一位忙碌的医生寻求建议和指导。当忙碌的金医生欣然为凯文答疑解惑时，凯文感到又惊又喜。时至今日，凯文和金医生依然关系密切，凯文仍然可以无所顾虑地向他请教问题或寻求建议。

凯文说，在医疗器械行业有一句话："你只有一次当新手的机会，好好利用它。"凯文还说，销售新手在这个行业通常表现不错，但许多人第二年的销售额就急剧下降。凯文觉得，这是因为他们的求知欲减弱了，因为他们认为自己已经知道了需要知道的一切。"当你向医生或护士寻求建议时，即使这不是他们的义务，他们还是告诉了你答案，这意味着他们尊重你的提问，"凯文解释道，"我总是对医护人员的反馈心存感激，我也会确保他们收到我的感激之情。我认为，我至今能够取得出色业绩的一个重要原因，就在于我把大部分时间花在了寻求建议上。"我们把初学者的这种坚持称为"保持鲜活"。

凯文愿意向自己和客户大方承认，很多事情确实超出了他的知识范畴，这种行为尤其令人印象深刻，因为他的销售对象是知识渊博的医生。正如我们可能都经历过的那样，医生总给人留下令人敬畏的印象。当我们意识到，自己正在与比自己知识更渊博的人交谈时，人类的天性会让我们感到戒备、尴尬甚至产生怨恨。我们可能会变得有所防备，这可能会导致失误，比如不懂装懂，提供不实（或捏造）的信息，讲空话、大话。

来自百特姆销售团队的两名早期成员，他们的经历有着鲜明的对比。从他们的身上，我们看到了"保持鲜活"的作用。这两位销售人员是关系很好的朋友，并在同一天加入销售团队，但是他们俩的工作方法截然不同，其中一人像一台无情的工作机器，反复地做着同样的事情。他的工作表现很好，通过日复一日、逐字逐句地说出销售话术来达成交易。哪怕一天要打75通销售电话，他在每通电话中的说辞也几乎都是一样的。

而另一位销售人员，他花了数周时间记住了所要知道的销售话术，以便能够自信地与潜在客户进行交流。之后，他就再也没有使用过这些话术了。随着时间的推移，我们看着他从一开始的即兴发挥，渐渐变得更加收放自如，他和客户谈笑风生，给顾客惊喜，客户也常常给他惊喜。他和客户的对话自然而真诚，有时候会引起意想不到的有趣转变，比如他有时会发现有关客户个人和职业的有趣细节。如果他坚持复述培训中的销售话术，那么这些有趣的细节将永远不会被发现。当他被客户问及未来两年的产品路线图时，他会找来销售工程师给出专业答案，在等待工程师到达的同时，他会和客户聊聊他们自己对公司未来两年发展的看法。当潜在客户问及销售合同中的取消条款，在了解到潜在客户过去曾因为取消条款而在金钱方面受到损失时，这位销售人员向客户承诺自己会仔细查找相关条款，然后与客户深入讨论过去这段经历中的经验教训。这位销售人员真的在工作中感受到了乐趣。

在最初的一段时间，这两位销售人员达成的销售额不相上下。但随着时间的推移，照搬销售话术的那位开始渐渐落后。他对工作逐渐产生倦怠感，热情也逐渐耗尽，甚至开始把怒气撒在客户身上。他对客户越来越不感兴趣，三言两语敷衍客户的问题，打销售电话也变得像机器人一样呆板。他越来越"套路"，以至于有时候等不及客户进一步阐明问题，他就打断客户的话，反对客户的想法。他责备潜在客户不买他的产品，向任何愿意倾听的人抱怨他的客户。最终，他离开了公司。而另一个销售人员走出舒适区，迫使自己与不同部门打交道，收集那些他刻意忽略的答案，最后，他不仅积累了大量客户，而且对公司的了解也更加深入。他在工作中保持鲜活，并最终获得了晋升机会。

刚开始销售时，按照指南上的话术交谈确实很有帮助。但是，一旦站稳了脚跟，作为销售人员的你就应该尝试自由发挥了。销售人员和客户之间的对话仍然是相似的，客户提出的问题和销售人员要解决的需求通常是相同的。但每个人都是独一无二的，在与客户的交流中，销售人员总有机会开启一段从未有过的对话，总有机会引出一段从未听过的乐章，就像爵士乐手在他们已经演奏过数百次的歌曲中发现新的即兴片段那样。

初入销售行业时，我们也曾陷入逐字逐句背诵的陷阱，我们试图记住销售幻灯片上的每一句销售话术。但每当我们这样做时，总觉得效果没有即兴发挥来得那么自然、那么好。有一次，我们决定在今后的所有活动中都放弃照本宣科，然后我们意外地发现，这一举措让我们真正爱上了自己所做的事情。在演讲前，我们会先在内心列出自己想要表达的关键点，随后根据现场观众的反应随机应变。我们的每一位听众都是独特的个体，这意味着当我们即兴发挥时，我们举办的每一场活动都是全新的。

有一次，编辑告诉我们，有抱负的作者应以此言为诫："作者感到无趣，读者也不会开心。"这句话同样适用于销售。如果销售人员从中发现了乐趣，潜在客户也会感到快乐。

非刻意的"刻意无知"是无效的

要练习好"刻意无知"的技能，你必须确定究竟哪些是可以忽略的。扪心自问，什么是你绝对需要知道的，再问问自己，为何你是这样认为的。随后花点儿时间思考一下你所销售的产品或服务的各个方面，你最感兴趣的点是什么，以及你如何才能更专注于这些方面。换句话说，何时何地"无知"可以变成一种福气呢？

在决定你真正需要忽略的内容时，考虑以下几个问题可能会对你有帮助：

- 你喜欢自己销售的产品或服务的哪些方面？哪些方面没有激起你的兴趣？
- 你在工作中真正擅长的部分是什么？你擅长的部分是否也是你喜欢的？
- 对你而言，立即回答出客户的问题是否很重要？或者你是否能大方告诉客户"请稍等，稍后我将为您查一下"？
- 如果你不知道某个问题的答案，你和客户的对话将会如何展开？承认自己不知道的好处是什么？
- 如果你不知道某件事情，是否有其他资源可以（或更）有效地提供给你的客户？
- 如果你有问题需要咨询，在公司内部和外部你将寻求谁的帮助？

- 你是否充分利用了一切可以利用的资源？如果没有，原因是什么？
- 在公司内部和外部，你是否建立了人际关系来为自己提供专业知识？

作为销售人员，如果放弃部分现成的销售话术、事实依据和分析数据会让你感到不舒服，那就循序渐进一步步来吧。从点滴小事开始，观察潜在客户的反应。当你第一次意识到告诉客户"我不知道"时，天是不会塌下来的，你便会发现，那令人不安的"求知欲"消失了。尝试联系其他部门的利益相关者，看看他们是否愿意给你建议。然后再试一次。观察你的客户对这个请求的反应。与所销售的产品相关的各种专家维系关系，与他们保持联络。你能为达到销售目的雇佣并签下专家吗？如果一直以来你都按部就班地套用销售话术，即便这是你自己写的，也可以把它放到一边，尝试开启一段真实的对话。

当遇到完全不知道答案的问题时，每个人都要弄清楚自己心里的舒适程度是什么，是毫不畏惧还是极度惊恐。没有人能够代替你去做这件事。但你也可以尝试走出舒适区，看看界限究竟在哪里，看看究竟会发生什么。走出舒适区，并把我们的时间和精力集中在自己最热衷的事物上，这对我们自己和他人都是有益的。在很长一段时间里，古印度佛教用"达摩"一词来表示这个概念。"达摩"可以被理解为"正行之道"。换句话说，你的达摩是你所热爱的事物，每个人都有自己的使命，完成了自己的使命就是遵循了"达摩"。也有一些人丰富了它的定义，称幸福感的关键组成部分是找到"自己所爱、自身擅长和世界需要"这三者之间的交集。拥有反直觉销售思维的人会利用好"刻意无知"，尽可能多地花时间找到自己心中的"达摩"。

保罗·麦卡特尼被许多人认为是有史以来最伟大的词曲创作家。他写了许多人们耳熟能详的经典名曲，包括《昨天》（Yesterday）、《嘿！朱迪》（Hey Jude）和《顺其自然》（Let It Be）。许多年来，他还在发行的唱片中加入了各种各样的乐器演奏，包括贝斯、木吉他、电吉他、鼓、钢琴和其他键盘乐器。虽然保罗看起来是个音乐全才，但他也有一些做不到的事情：保罗·麦卡特尼，披头士乐队和羽翼乐队的传奇成员、白金唱片的独唱歌手、音乐合作人、全能音乐天才，做不到真正地品鉴或创作音乐。"可能因为我知道的太多了，"保罗在接受采访时说，"披头士乐队没有一个人能忍受音乐课，它太无聊了。"

在他事业刚起步时，保罗就对成为一名伟大音乐家所需的知识一无所知。别人对他的刻板印象是一个拥有完美技术的音乐奇才，但他以自己的方式颠覆了这个印象——保罗成了一个传奇。他全身心投入自己热爱的事物，他聆听蓝调大师和摇滚先驱的作品，与约翰·列侬合作，全世界都因此爱上了保罗（和他的音乐）。于是，保罗对传统音乐创作的"刻意无知"不是他的缺点，而是成了他的特点。

在我们生活中的方方面面，包括进行销售的时候，保持"刻意无知"并不意味着我们不付出努力。允许自己甩掉必须无所不知的压力，这使我们确保自己能够全力以赴处理那些最能影响我们并让我们快乐无比的事情。"刻意无知"也让我们不断成长，当与他人互动时，能够把自己最好的状态展现出来。"刻意无知"还使我们敞开心扉，接受与自己内心的"达摩"一致的新信息、新想法和新机遇。

第三章

培养反直觉销售思维,终身学习,终身成长

反直觉销售思维能够让你拥有成长型思维，你将关注富足而非匮乏，成为创造者而非受害者。反直觉销售思维可以让你将销售视为一种学习工具，充满目标感和满足感，在生活和事业中全情投入，不断进步，体验到真正的成长。

Jay-Z 是有史以来最成功的音乐人之一。他的专辑销量超过 5000 万张，并成为历史上首位入选摇滚名人堂的说唱歌手。此外，Jay-Z 还是一名非常成功的企业家。他创办了一家服装公司洛卡薇尔（Rocawear）、一家娱乐公司摇滚国度（*Roc Nation*）、连锁豪华运动酒吧 40/40 俱乐部（40/40 Club）和两家洋酒公司铎世（D'Ussé）和黑桃 A（Armand de Brignac）。此外，他还拥有 NBA 球队（布鲁克林篮网队）的股份，是优步（Uber）的早期投资人，并买下了音乐流媒体服务公司潮汐音乐（Tidal），后来将其出售给支付软件巨头方块支付（Square），目前 Jay-Z 还担任该公司的董事会成员。所有这一切让 Jay-Z 成为一名亿万富翁。

　　Jay-Z 的成功并非必然。事业刚起步时，他被拒绝了一次又一次，找不到任何一家愿意和他签约的唱片公司。他在接受采访时回忆道："我找遍了几乎所有唱片公司，但他们都说'这家伙太糟糕了，简直一无是处'。"

　　面对如此多的拒绝，我们中的许多人可能会选择放弃，或者改变自己或自己的音乐风格，以迎合唱片公司的要求。但 Jay-Z 有不同的思维方式。对于自己最终的成功，他表示："曾经的拒绝让我更加感激现在的成功。曾经没有人给予我任何东西，也没有公司愿意和我签下唱片合约。我只是慢慢来，一步一个脚印地成长。我本可以轻易地说'也许只是我时运不济，所以没人想签下我'。这样思考或许可以缓解内心的痛苦。但是我没有这么做。"

和我们遇到的其他拥有反直觉销售思维的人一样，Jay-Z不把他的失败挫折作为自己降低目标、责怪别人或轻言放弃的理由。他将失败视为成长的机会，并用实际行动来证明自己。Jay-Z下定决心，尽其所能学习音乐相关的一切业务知识，包括如何制作单曲、如何向商店销售唱片、如何谈判分销协议以及其他任何需要了解的事情。他运用这些知识，创立了自己的唱片公司嘻哈王朝（Roc-a-Fella Records），并亲自发行了他的第一张专辑。这张专辑日后成了白金唱片，并最终为Jay-Z在主流说唱界站稳脚跟奠定了基础。

对我们中的许多人来说，在面对拒绝时寻找机会绝非易事。作为销售人员，被拒绝往往会让我们觉得这是对我们个人的评判，而不是对自己所销售的产品的评判。当成功仅以达成交易来衡量时，不可避免的拒绝会对我们造成负面影响，使我们感到难过沮丧、精疲力竭甚至选择放弃。这也是许多人强烈抗拒销售工作的另一个重要原因。

面对挫折，拥有反直觉销售思维的人有不同的视角。当然，他们不是喜欢被拒绝。但与大多数人不同的是，面对拒绝时，他们不会胡思乱想、陷入内耗。拥有反直觉销售思维的人将被拒绝视为销售过程中不可或缺的一部分，这让他们能够精心筹划、修炼"内功"并最终成长。于是，遇到的挫折变成了一盏指明灯，告诉他们自己所处的境地、需要前进的方向以及该如何到达那里。

面对挫折不抱怨，遇到困难不退缩，加上对知识的渴望和对学习的投入，即使失败的教训是惨痛的，这是那些拥有反直觉销售思维的人似乎比其他人更成功、更享受销售过程的一个主要原因。

转变思维，不断成长

在我们的采访中，经常会听到类似的观点："我究竟如何知道自己需要在哪方面变得更好？"或者是，"我的成功好像很侥幸，那些我没做成的交易和那些我做成的交易好像没什么不同"。反直觉销售思维丰富了我们对于销售成功的定义。对于拥有反直觉销售思维的人来说，他们最享受的就是不断学习，获取新知。

斯坦福大学教授、心理学研究员卡罗尔·德韦克在她的畅销书《终身成长》（*Mindset*）中描述了这种思维方式。德韦克教授的研究对象来自各行各业，从运动员、企业家到科学家，她研究这些人如何看待自己的才能，以及如何应对挑战。在这个过程中，她发现了两种截然不同的思维模式：固定型思维模式和成长型思维模式。一个人往往会同时拥有这两种思维模式，只是通常某一种模式会占据主导。不同的主导思维会对一个人的成就产生很大的影响，影响面涵盖工作机遇、教育程度、身体机能和人际关系。

拥有固定型思维模式的人认为，他们的智力、技能和才华是与生俱来、固定不变的，而且后天无法改变这一切。由于他们认为智力是天生的定量，天赋是成功的关键，所以他们一直以来的目标是让自己看起来很聪明，而不是努力变得更聪明。面对遇到的困难和挫折时，他们往往会选择逃避，因为他们认为，如果自己表现不佳，别人就会觉得自己能力有限。

面对挑战时，他们往往更容易放弃，他们会想："这有什么意义呢？我只是不擅长这个罢了。"他们也往往会将其他人的反馈视为批评。固定型思维模式的另一个危险特征是，他们往往将其他人的成功视作威胁，因为他们常常将自己的天赋和成功与他人进行比较。如果他们觉得自己天赋不够、才华不足，便会感到非常自责。此外，固定型思维模式会不断地自我强化，导致人们怯于尝试，错失自身发展的机遇，同时也增加了失败的概率。拥有固定型思维模式的人看到失败的结果，就更加确信自己根本没有能力做得更好。德韦克发现，拥有固定型思维模式的人往往会在事业发展的早期就停滞不前，无法充分发挥自身的潜力。

我们也从很多销售人员身上看到了固定型思维模式的特征，他们往往伴随着失落沮丧和自我怀疑，反复问自己为什么情况没有好转的迹象。对于这样的销售人员，我们建议他们在拓展客户的过程中采取不同的方法，然而他们要么告诉我们他们已经尝试过了，但新方法没有奏效，要么就向我们编造一些行不通的理由。于是，我们又建议，他们可以在挖掘客户的时候采取全新的方式，而那些拥有固定型思维模式的销售人员又找出了许多理由，告诉我们他们的方法没有问题。他们觉得，问题来源于金钱、客户或是他们自己的处境——他们只是天生不擅长销售，没有足够的耐心，或者仅仅是不合适罢了。他们没有看到通过改变自己来改善情况的机会。

相反，拥有成长型思维模式的人相信，聪明才智和所有技能都是可以后天习得的。他们欣然迎接挑战，坚持克服困难，不懈努力奋斗，他们在批评中成长，汲取他人所长，甚至从自己的失败中吸取教训。他们致力于终身学习，挑战自我，提升自己，也将每次犯错视为学习成长的机会。成长型思维模式能帮助人们更好地应对困难挫折，让他们在追寻目标时感受到更多力量。德韦克的研究表明，拥有成长型思维模式的人更有可能发挥出自身的潜力。即便在工作中遇到挑战，拥有这种思维模式的人也能保持对工作的热爱。德韦克写道："拥有成长型思维模式的运动员、企业家、音乐家、科学家都热爱并享受着自己的工作，这是大部分拥有固定型思维模式的人做不到的。"

当我们和更多拥有反直觉销售思维的人交谈时，我们听到他们的话语中隐含着对德韦克"成长型思维模式"的呼应。对此，我们并不感到惊讶，尤其是因为德韦克重点讨论了成长型思维模式与真实性之间的联系。她在书中写道，一些拥有固定型思维模式的人会担心，如果他们成长和改变，那么自己将变成另外一个人。拥有固定型思维模式的人认为，是与生俱来的天赋造就了他们。他们担心，如果成功更多地来自后天习得而不是天生拥有，这便意味着他们根本没有什么特别之处。德韦克写道，拥有固定型思维模式的人担心自己会"像其他所有人那样枯燥无味"，但事实恰恰相反——"接纳自己，迎接成长，会让你更好地接近最真实的自我"。

我们经常告诉学生，培养成长型思维模式的困难之处不在于成长过程中付出的努力，而在于认识到成长的重要性。发现自己、了解自己，对于理解未来的自己至关重要。如果有人提醒你，你似乎没有在认真倾听他人说话，而是急着寻找开口的机会，那么你应该改掉这个习惯。只有当你审视自己的坏习惯，确信自己可以成为一个好的聆听者后，你才能真正摒弃陋习。在成长型思维模式下，对自己诚实不是令人望而却步的，而是有着积极力量的。

成长型思维模式并不是每个人的默认思维方式。但好消息是，德韦克在研究中发现，只要我们有意识地培养自己的成长型思维模式，我们便能拥有它。无论我们是否相信这一切,事实就是,我们每个人都蕴藏着巨大的潜能。

此外,大部分人往往会同时拥有这两种思维模式。我们并非天生就只用一种方式来思考。我们会受到父母、朋友、同学、老师、同事的影响,倾向于某一种思维模式,但我们都会有运用成长型思维模式的时刻,就像我们也会有运用固定型思维模式的时刻。毕竟,我们真的很难将部分挑战视为成长的机会。

如果我们意识到,自己可以改变成长型思维模式和固定型思维模式之间的平衡,可以像锻炼肌肉一样培养我们的成长型思维模式。正如德韦克所写的那样,改变这两种思维模式的平衡始于心理学家所说的"顿悟时刻"。顿悟之后,人们感觉自己转变了思维模式。

当我们与一位处于瓶颈期的销售经理合作时,我们看到采取成长型思维模式带来的迅速变化。这位经理曾是一名出色的销售代表,但对公司来说,他目前的能力还不足以胜任领导岗位。这位经理带的团队业绩平平,于是公司聘请我们与他合作,看看如何能够让他提高工作业绩。当我们见到这位经理时,他立刻直言不讳,说自己不支持我们的参与,还告诉我们,他已经弄明白了问题所在,虽然无意冒犯,但他并不需要邀请外部专家来解决问题。这是典型的固定型思维模式。在他眼里,问题的根源不在于自己不愿改变的态度,而在于他的团队。如果他能够获得批准聘请更优秀的团队成员,他的销售业绩就能够达标。为了改变这位销售经理的思维模式,我们让他做了一个练习。按照他之前要求的那样,他有权选择5位新的销售代表加入团队,只要他在录取这几位新人前,告诉我们这5个人在销售方面比他更出色的地方。设计这个环节的目的,是让这位销售经理承认自己也是问题的一部分，自己也有不如他人的地方，即便是下属，也可以成为他的老师。这个简单的练习帮助他意识到，他应该做的不是成为房间里最聪明的人，而是要培养团队的整体能力。这位销售经理开始明白，培养团队能力需要他清楚地认识到自己在销售方面的不足之处，并有意识地寻找自己的知识盲区，而不仅仅是发现别人的无知之处。他也意识到，雇佣与自己想法不同的人带来的好处，并承认拥有"自己的独特方式"并不是一个完美销售人员的基本素养，因为没有哪种特定方法可以令人成为一名出色的销售人员。

最终，这位销售经理雇用了几位新人加入团队。其中一位销售新人来自赛富时，帮助团队以新视角解读数据报告；另一位在领英上拥有3万多个好友，擅长通过社群运营挖掘潜在客户；还有一位来自科技创业孵化器Y组合子（Y-Combinator）投资的初创公司，为公司带来了大量的本地人才资源。在不到6个月的时间里，这位经理领导的团队成了公司中发展最快的团队。团队成员一起进步，这位经理也与他们一同成长。

固定型思维模式会让人看起来博学多才。那些拥有固定型思维模式的人认为自己的智力和技能是固定不变的，也认为其他人对他们有着相同的看法。这导致他们总是急于证明自己，不断向世界展现他们能干的形象。他们觉得，无论面对老板、同事还是客户，自己最好看上去无所不知，这样才能在工作中被人尊重。这种观点被强大的文化观念所裹挟，要想被视作专家，最好成为工作中的主宰者。很快，我们说服自己，相信自己已经掌控了某个领域。但讽刺的是，说服并相信自己已成竹在胸，往往会使我们停滞不前，继续落后。

必须不断学习成长才能拥有反直觉销售思维。在我们的采访中，几乎每一位受访者都以这样或那样的方式表示，对于自己的工作和周围的世界，还有很多需要学习的内容。美国品牌代理机构的创始人曼尼·马丁内斯是冠军（Champion）品牌服装的主理人，并为该品牌在潮流文化和主流时尚中的复兴做出了巨大贡献。曼尼告诉我们，他的核心思想之一就是"三人行必有我师"，你可以从遇到的每个人身上学习和成长。曼尼说道："不能狂妄自大、视人犹芥，每个人都有值得学习的地方。"他谈到了自己从维修工人、实习生和公司高管那里学到的东西。他的评论让我们想起了Jay-Z 曾经说过的一句话："每个人都是天生之才。"想象一下，如果所有人都这样想的话，那么我们遇见的每个人都会成为自己的老师。

成为创造者，而不是受害者

成长型思维模式带来的另一个好处是，它能够让人摆脱受害者心态。无论是面向客户进行推销，参加一场求职面试还是为营销团队做演示，当运用固定型思维模式的人在销售过程中百般努力，却没有获得预期结果时，他们往往会将失败归咎于一些自己无法控制的因素，并将自己视为受害者。这会导致无力感和失控感，有时会形成"灾难化思维"，将问题看得比实际情况更严重，甚至可能会误认为别人在故意针对自己的失败。

受害者心态很容易被识别，从人们解释"自己为什么不能更成功"的话语中便可窥见端倪。"我的上司是垃圾。""客户是蠢货。""竞争对手对我们撒了谎。""当我做产品演示时，台下的人一直在看手机。"……诸如此类。我们很容易陷入以受害者身份为失败辩护的境地，而不是专注于如何改变失败的结果。即使我们的一些辩解在某种程度上是正确的，至少部分正确，但我们真的想成为所处环境中的受害者吗？心理学家拉哈夫·加贝指出，那些拥有永久受害者心态的人往往具有外控人格。他们认为，一个人的生活完全受制于自我以外的力量，如运气和机会。

相比之下，那些拥有反直觉销售思维的人认为，他们有能力战胜环境，是自己命运的主宰，这些人具有内控人格。在对受害者心态陷阱的研究中，我们发现高管教练戴维·埃默拉尔德的见解特别引人注目。在《动态赋权的力量》(*The Power of TED*)一书中，戴维写到了与固定受害者心态相对应的另一种心态，他称之为"创造者导向"。它完美地描述了我们观察和采访过的优秀销售人员。面对挫折时，他们不会陷入"我应该怎么办？"的思维模式，而是对自己想要实现的目标感到充满力量并专注其中，同时思考如何创造条件来达成这一目标。他们掌控局势，也掌握其中之法。他们相信自己在很大程度上控制了局势，这也使得他们主动寻求自己的解决方案。他们不会说"是客户无能，无法理解"，而是会想自己可以做什么。当他们意识到自己陷入了"知识诅咒"的陷阱，误认为客户对产品的了解和自己一样多时，他们绝不会再犯同样的错误。面对逆境，他们会问自己一个关键问题："我能做些什么来得到自己想要的结果呢？"

我们共事过的一位创业者兼企业家，她曾经历过从受害者心态到创造者心态的巨大转变。尽管这位企业家拥有出色的产品、较高的客户认可度和不错的收益，但她曾在经营期间遇到了融资困难。在筹款路演中，她一次次地被婉言拒绝，有时甚至被不客气的投资人直接拒绝。于是，她向我们寻求建议，因为她搞不明白问题究竟出在哪里。在听完她的倾诉后，我们立刻意识到她将自己视为受害者。她告诉我们："这些投资人不明白这是个机会，他们目光短浅、格局太小。他们想要一个很特别的创业者，反正不是我。"我们问了一个她之前从未思考过的问题："姑且把投资意向书放在一边，你希望与投资人见面时发生些什么？"

她看起来有些困惑，但在短暂停顿后说道："我不希望投资人心胸狭隘，不希望他们做出没有依据的假设，不希望他们因为我是一名女性创业者而区别对待。"就像我们询问类似问题时经常出现的情况一样，她的答案指向了那些不希望发生的事情。但事实上，我们想要了解她希望看到的行为和结果。当我们指出这一点时，她睁大了眼睛，我们可以看出她在改变自己的观念。她说："我希望投资人能够开放思想，我想让他们看到公司的优点，想让他们看到这是一个多么好的机会，而不仅仅看到那些可能发生的意外……我还想让投资人看到，女性创业者是宝藏。"

话音刚落，她便开始整理思路，想着接下来可以采取的行动。我们能够感觉到她的兴奋。她开始意识到，自己不必将与投资人的会面当成单向推销，成功与否完全取决于风险投资人（VC）的反应。她可以主动创造自己想要的交流会面，接受投资人的反馈，还能够深入了解他们的看法，主动寻求机遇挑战，并向投资人学习，获得对事物的洞见。

在她与一家风险投资公司合伙人进行的第二次会面中，合伙人是5位中年男性，他们再一次告诉她所有不愿出资的理由。这一次，她仔细聆听了合伙人的意见，吸收其中的信息并回应道："这些反馈意见很宝贵。我明白你们需要再作考虑。我可以问一下，你们欣赏我公司的哪些方面呢？"合伙人没有觉得这是在浪费时间，而是耐心地分析了他们对她公司的欣赏之处，并为她公司的发展提供了建设性的意见。我们当然希望看到投资人立即改变想法，立即投资她的公司，但是事实上他们并没有这样做。合伙人选择将她介绍给另一家更适合她公司目前发展阶段和发展规模的投资方，而那家投资公司最终对她的公司进行了一轮投资。她将自己从受害者转变成了创造者，主动控制局面，实现了自己的目标。这一轮资金不仅是她成功募集的，更是她主动"创造"的。

富足心态

成长型思维模式也打破了另一种在销售中常见的消极观念：机会是有限的。这种恐惧是固定型思维模式的产物。这一思维模式会让人认为，机会并非遍地都有，而是寥寥无几。当你这样想时，销售就变成了一场零和博弈。作为销售人员，你达成的每一笔交易都是从其他销售人员那里夺走的，反之亦然。

这种固定型思维模式也会给客户留下强买强卖的刻板印象。如果销售人员认为可达成的交易是有限的，那么每一笔订单都会变得更加珍贵，于是销售人员便会竭尽全力避免丢单，从无形中给客户施压，到为产品功能开空头支票，甚至纯粹为了业绩而胡编乱造。

30多年前，史蒂芬·柯维在《高效能人士的七个习惯》（*The 7 Habits of Highly Effective People*）中写下了这种错误的观点。他写道："大多数人都认为资源稀缺，世界如同一块大饼，并非人人得而食之。假如别人多抢走一块，自己就会吃亏。这就是'匮乏心态'。"与之相对的，他描述了"富足心态"："拥有富足心态的人相信世间有足够的资源，人人得以分享。"关于富足心态，他提出的一个关键点便是成长型思维模式。拥有富足心态的人会以发展的眼光看待未来，并相信通过双方的合作，能够创造无限的可能性。富足心态和成长型思维相辅相成，拥有富足心态的人能够看到成长的机会，而成长型思维又能进一步强化富足心态。

但没有人会因为抱有匮乏心态而受到指责。在某种程度上，是学校向我们灌输了这一思想，学校告诉我们只能评出来少数几个 A，只有那么几个运动队首发名额，只有那么多孩子会受欢迎。作为成年人，我们在工作中也会受到这种观念的强化，因为我们了解到预算和晋升机会是有限的，同时我们还承受着有限时间的压力。这种对有限机会的恐惧驱动了许多刻板印象中的销售行为。

那些相信遍地都是机会的销售人员在很大程度上能免受恐惧的困扰。他们相信自己能够从挫折中吸取经验教训并加以充分利用。当你听到某人说出"万事皆有因"这样老掉牙的话，无论有意还是无意，这个人都出于富足心态。

在销售中，富足心态使销售人员对自己的销售能力更有自信，并使他们勇于冒险，开拓创新，保持韧性。当事情进展缓慢时，他们相信自己有能力找到创造机会的方法。有一次，科林要和百特姆团队的新成员马特进行一对一面谈。马特走进房间，在沙发上坐下。科林还没开口，马特就开始在靠垫上蹦来跳去，还像在超市挑拣新鲜水蜜桃那样抚摸着沙发皮革，自言自语地说道："这是一张不错的沙发。"科林一头雾水，为什么这个人对沙发如此着迷？他是紧张吗？他的行为有点儿诡异。但这也引起了科林的兴趣，当马特在靠垫之间来回跳跃时，科林没有阻止，而是看他继续仔细检查沙发。马特询问科林是否知道沙发的制造商，科林说他不清楚，并且毫不掩饰自己对这个问题感到奇怪的事实。马特跳了起来，翻过靠垫，看到标签上写着沙发制造商位于东海岸，然后对科林说："在我们的一对一谈话开始之前，你介意我先查一下这家公司吗？"于是，马特用搜索引擎查找了这家公司，发现它有数千名员工，而且似乎很符合百特姆的目标客户特征。随后，马特在领英上找到了一个潜在的联系人，并在手机上进行了设置，提醒自己在会议结束后联系一下这家沙发制造商。我们的其他团队成员在这张沙发上坐了无数次，都没有发现这个销售机会（某些团队成员甚至坐在这张沙发上抱怨自己缺少销售机会），反而是最新加入团队的销售人员，带着富足心态发现了蕴藏在沙发靠垫中的销售机会！

拥有富足心态的人经常被认为是不切实际的，有时候甚至被视为近乎疯狂（这绝对是科林看马特在沙发上蹦蹦跳跳时的感受！）。当一个人发现了其他人看不到的机会时，别人往往会认为这个人看错了。然而，那些在别人看不到的地方发现机会的人往往也能够抓住更多机会。这并非巧合，比起那些抱有匮乏心态的人，他们更容易成功。

培养可适应的复原力

成长型思维模式有助于培养优秀销售人员最重要的品质之一——复原力。但并非所有复原力都是相同的。我们要养成可适应的复原力，这是一种在外界的干扰下，仍然能够保持韧性、忠于自我、不断适应环境变化的核心能力。这并非传说中的"纵使命运将我一次次击倒，我也会一次次爬起来"，这听起来像是一次次忍受相同的惩罚。它是一种为了达到自己想要的结果而去努力尝试不同的方法，即使面对无数次失败，也依然保持乐观、永不言弃的能力。

在《强势回归：重建大脑复原力，抵达幸福彼岸》（*Bounce Back: Rewiring Your Brain for Maximum Resilience and Well-Being*）一书中，心理

学家琳达·格雷厄姆强调了复原力的重要性,她写道:"面对压力和挑战表现出自我适应的复原力,是一种让我们面对挫折时能够站稳脚跟的能力。"她引用了查尔斯·达尔文的话来阐明这一点,达尔文写道:"幸存的不是最强壮的物种,也不是最聪明的物种,而是最具适应性的物种。"这句话也是对"拥有成长型思维模式的人复原力也更强"的佐证。它鼓励我们不断尝试新的方法。对于那些拥有反直觉销售思维的销售人员来说,尝试新的方法并在实践中不断适应变化,是销售过程中的关键要素之一。

格雷厄姆写道:"我们每个人都能够培养复原力。"我们可以通过"选择特定的经历来有意识地重新塑造我们的大脑"来提升自己的复原力。我们可以按照自己的想法,把销售经历化作成长的机会,为培养复原力打下基础。我们已经发现了几种方法来实现这一点。

让拒绝成为你的礼物

因为自身的成长型思维模式,拥有反直觉销售思维的销售人员改变了他们被拒绝时的态度。他们不会因为被拒绝而感到沮丧,而是能够看到拒绝的价值,并从拒绝中学会成长。什么是"好的拒绝"呢?那就是可以让你从中学习,并不断成长的"拒绝"。"好的拒绝"是由经验教训组成的。"好的拒绝"和"坏的拒绝"是有差别的。例如,"我感受到了他们的拒绝,因为他们在听我做产品演示时态度冷漠"("坏的拒绝"不能让我们改变分毫);"我感受到了他们的拒绝,是因为我没有与他们就如何提高业绩进行很好的沟通"("好的拒绝"通常伴随着一个可行的方法,目的是下次能够做得更好)。

只要你用心留意，任何一次拒绝都可以成为"好的拒绝"。在遭到拒绝或看到其他不希望发生的结果后，花几分钟时间反思一下，并问问自己销售中最关键的问题："我还可以做些什么？"那些与我们合作过的优秀销售人员经常问自己这个问题，他们永不止步，不断进取。他们还会提出许多引申问题，以发现不足之处，提升洞察能力。以下是我们最喜欢的一些问题举例：

- 你提出问题仅仅是为了自己的利益，还是潜在客户也能从答案中有所收获？
- 你是在认真聆听，还是在等待说话时机？
- 你是否把潜在客户当作对手，试图赢过对方呢？
- 你是否可以更好地以双向互动的方式设定期望，而不仅仅关注潜在客户单方面的期望？
- 如果你并非真心喜欢与潜在客户交谈，他们是否可以感觉到？
- 你是否更多依靠感性判断来识别潜在客户，而不是通过理性分析？或者你是否更多依靠理性分析而不是感性判断来识别潜在客户？
- 当你的直觉很早就捕捉到了客户的异议，你是否会选择忽略，并祈祷它不再出现？
- 面对客户的异议，你是否会有不自然的反应，并且让客户察觉到你的沮丧？
- 当你诋毁竞争对手时，最终的结果是否会适得其反？
- 在你和客户的交流过程中，话题是否会聚焦于潜在客户，还是话题围绕着你展开？
- 你是否因为错误地预判潜在客户是否有购买意向，而区别对待他们？

想要思考自己可以在哪些方面做出改变，向非销售岗位的销售人员或是其他相关人员寻求反馈意见是非常有效的，可以问问那些听过你演讲的听众、设计产品的同事、曾经答应或拒绝过你的客户。

为了能够在思考中提升，请为自己设定一个高标准。退后一步，别太把自己当回事（每个人都总是把自己看得太重要），询问某个人或是某几个人，自己可以采取哪些不同的做法来达到想要的结果，然后根据这些反馈意见来做出改变。

被拒绝可以说是发生在你身上的最好的事情之一，但是，如果收到了两次同样理由的拒绝，那可能意味着你没有做好自己的工作。

重构被拒绝的反应

从拒绝中学会成长并不容易。很多时候，我们中的许多人会认为，客户的拒绝直接针对销售人员，而不是针对其所销售的产品、服务或理念。能经受住"拒绝风暴"的销售人员不会觉得别人的拒绝是在针对自己，从而感到不悦，他们完全明白拒绝真正意味着什么。

然而，太把拒绝当回事并非任何人的过错。这是人类的进化训练教会我们的。作为群居动物，我们天生渴求他人的接纳。几千年来，被接纳成为群体的一部分对生存至关重要——一旦被拒绝，就会饿死，或被剑齿虎、鬣狗群吃掉。取悦他人的本能也让拒绝听起来十分刺耳。作为销售人员，我们知道自己所销售的产品不可能适合每一个人，但客户说他们不想要时，我们还是会感觉很受伤。我们会有种自己被群体排斥了的感觉。但是，通过培养成长型思维模式，我们可以重构被拒绝的经历。告诉自己，每一次被拒绝都是为了学到新东西，为了下一次能够得到肯定而做准备——这样想的话，我们就能够完全改变对拒绝的看法。久而久之，就像通过锻炼不断刺激肌肉那样，我们将重构自己对拒绝的反应，被拒绝也不再消耗我们，我们已将它视为成长中的重要部分。

有个学期，为了帮助我们的学生适应被拒绝，并让学生不要过多地在意它，我们布置了一个小组任务。任务很简单：学生要利用他们在课堂上学到的一切，把为班级进行虚拟客座演讲的机会推销给他们钦佩的知名人士。学生选择了一系列成功人士，从企业家到音乐家，从知名演员到政界名流。虽然很多学生认为这是一项销售相关的任务，但实际上它被设计成了一种练习，让学生面对无人应答的电话、永不回复的邮件和尝试联系名人助理时得到的讽刺回复。我们希望学生能够意识到，他们很容易陷入"刻板印象中的销售人员模式"，用轰炸的短信来骚扰目标对象或试图使用花招来获得回应。我们希望他们能够看到，负面的回应并不是针对他们个人的，因为所有人都可能受到相同的"待遇"。

在每堂课上，我们都会询问学生的"销售"进展。每周我们都会听到他们是如何被公关人员、秘书、经纪人拒绝的故事。有了多次被拒绝的经历后，一位名叫切尔西的学生说她有个好消息：她成功地从潜在客座讲师的助理那里得到了直接回复，这归功于另一位学生杰玛在上周课堂上的发言。在收到了一封拒绝邮件后，杰玛说道："事后来看，我应该多考虑一下，这样的成功人士如何才有意愿成为客座讲师。"切尔西听到后，给她的"潜在客户"发了一封电子邮件，邮件标题名为"您愿意花20分钟时间，来改变一些孩子的生活吗？"。关注对对方有用的内容起到了作用，硅谷独角兽公司精品大师课的首席执行官大卫·罗吉尔来到我们的班级，解答了学生的疑问。我们无法付钱请大卫进一步讲讲关于成长的课程，但他告诉全班同学："要活到老，学到老。"难怪大卫创办了一家致力于帮助他人学习的公司。

那个学期，我们最终听到了几位优秀演讲者的讲座，其中有企业高管和我们在第二章中介绍的奈飞真人秀《日落家园》的明星杰森·奥本海姆。即使一些学生未能成功邀请到客座演讲嘉宾，他们也学到了很多关于被拒绝的知识。学生与吉尔·阿布洛进行了交流（著名时装设计师，曾担任路易·威登的艺术总监，目前已故），与斯库特·布劳恩进行了短信沟通（贾斯汀·比伯和爱莉安娜·格兰德的金牌经纪人），他们从中收获了见解并与班级同学分享。一位学生试图邀请格莱美奖得主艾丽西亚·凯斯，虽然她未能成功，但最终她见到了艾丽西亚的商业合作伙伴艾丽卡·罗丝·桑托罗。艾丽卡精彩的故事深深吸引了班里的其他学生。

这个练习让学生意识到，这些糟糕的回应并不是针对个人的。即使是那些看似最自信、最外向的同学也会遭到无情拒绝，但他们都学会了从错误中成长，并改变了自己对拒绝的看法。

重新评估形势

认知重评是认知心理学中行之有效的做法，指面对不理想的状况和结果，重新评估和思考环境和信息，换一个视角来寻找能够带来正面情绪的思维方式和行为模式。认知重评并不意味着假装这件糟糕的事情没有发生，而是在我们的思维中摆脱包袱和消极情绪，并训练自己从经历中发现事物的积极面。

通过认知重评，我们可以克服消极悲观的情绪，在之前认为不利的情况中发现积极的一面。心理学家奇基·戴维斯是伯克利幸福研究所的创始人，在一篇文章中她讲述了某天在上班途中汽车的传动系统出现问题时，她是如何在原本糟糕的情况下产生感激之情的。她没有沉浸在"自己要迟到"和"修车钱不够"的压力中，而是通过认知重评庆幸自己不是在高速公路上发生事故，否则情况将更加危险。她告诉自己，虽然挂着三挡低速前行，但幸好自己的车还能跑，这样她才能把车开到修理厂。为了让她的学生练习认知重评，奇基预设了一种很多销售人员都熟悉的场景：被老板责骂。她让学生回答如何用积极的角度看待这种情况。学生的答案包括："现在我终于知道老板究竟在想什么了"，"我的老板终于有机会发泄情绪了，现在的压力会小一些"，"我学会了避免用这种方式对待其他人"，以及"我有机会进行自我反思了"。

进行认知重评并不难，只需要在当下问自己正确的问题。当一项本应让你当季业绩出彩的交易失败时，寻找成长机会显然并不是件容易的事情。以下是戴维斯提出的几个问题，问问自己，这可能会帮助你找到你想寻求的答案：

- 目前或未来是否可能会出现任何正面的结果？
- 对于当下的负面情况，你是否可以找到心怀感激之处？

- 你在哪些方面比开始时更好了？
- 你学到了什么？
- 这一经历使你在哪些方面成长了？

在琳达·格雷厄姆的"在错误中寻找礼物"的练习中，她提出了一组有所关联却又完全不同的问题，这些问题涉及困难甚至创伤性经历。练习会建议你写下一个新的叙述，看看自己可以从中学到什么。首先，你要思考或写下发生的事情，然后详细说明：

- 这是我为了生存所做的事情。
- 这是付出的代价。
- 这是我学到的东西。
- 这是我当下可以对生活做出的回应。

作为销售人员，我们还可以将这些话代入销售经历中：

- 这是我对负面反馈的回应。
- 这是负面结果的代价。
- 这是我从拒绝中学到的。
- 这是我今后可以做出不同回应的方式。

如果这些练习让你觉得过于乐观，我们理解。即使我们可以从艰难困苦中吸取教训，但艰难的经历本身是痛苦的。任何告诉你自己根本不介意被拒绝的人要么是在撒谎，要么他们没有真正交付真心。大卫·罗吉尔告诉我们班的学生："如果被拒绝让你感到受伤，这恰恰意味着你在乎它。"我们可以看到，学生对此深表赞同。认知重评的关键不在于让自己假装看不见负面情绪，而是一旦发现了负面情绪，就可以通过认知重评及时调整。

如果对你来说，认知重评还是有点虚无缥缈，你可以试着采纳已故作家和全球顶级运动员心理调节专家特雷弗·莫瓦德的建议。他推崇"中立思维"，用中立的目光去反思和审视自己。特雷弗这样为其定义：事情既然发生了，无论好坏都要接受它。与其沉浸在过去的错误中自我批判或陷入负面的情绪中无法释怀，不如接纳所有事情的发生并继续前进。这对于被电话推销对象愤怒地挂断电话这样的突发事件，可以说非常具有参考价值。

有一种我们推荐的认知重评，可以帮助你进行中立思考，把遭到拒绝的负面情绪转化为中立情绪，使你明白负面回应不一定就是针对你的。要提醒自己，顾客的工作就是仔细检查，挑出毛病，并为自己或公司创造更大的价值。无论销售人员的介绍是多么周到详尽和有针对性，许多潜在客户还是倾向于说"谢谢，但还是不用了"。因此，你可以将拒绝视为潜在客户未能完成任务，而不是销售人员未能达成目标。

以买家的身份思考一下。这样你就能理解他们的立场了吧？在同样的情况下，你的行为真的会和他们不一样吗？

为过程庆祝

大多数人喜欢在成功时庆祝，并热切期待成功的那一刻。这也是匮乏心态的一种体现：值得庆祝的事情只有这么多。在我们眼中，销售人员培养成长型思维模式最有效的方法之一便是，不仅要庆祝成功，还要庆祝整个销售过程本身。

假设你的工作要求你去挖掘潜在客户并进行客户拓展。也许你会发现，当你拨打客户电话但并未接通，你在语音信箱中留言并随后发送电子邮件提醒客户时，即使很多潜在客户没有选择回拨你的电话，他们也会打开你的电子邮件。现在你就有了一个数据点，可以衡量在语音信箱中留言后发送电子邮件进行提醒的有效性。庆祝这个发现吧！如果潜在客户既不回复电话也不打开电子邮件呢？这同样是一个你可以庆祝的发现。

如果你尝试了一种新的销售方案，却遭到了潜在客户的坚决拒绝，这样的拒绝还不止一次，该怎么办呢？那就庆祝潜在客户给了你如此明确的反馈，这说明你需要改进整个销售方案。如果在一次求职面试中，面试官告诉你他们不相信你真的想要这份工作，该怎么办呢？那就庆祝有人能实话告诉你，你的说服力还不够，这样你就可以更好地准备下一场面试。现在，你可以努力让自己在未来的面试表现中更坦诚开放、更令人信服。或者你可以庆祝面试官说得对，其实你并不是真的想要那份工作，你的潜意识传达出了自己不愿为一份不感兴趣的工作而停留的信号。

你越是努力地去找寻值得庆祝的理由，就越是能够找到值得庆祝的事情。庆祝与你所处的环境无关，而与你的选择有关。如果你找不到庆祝过程的理由，那是因为你不够努力去寻找它们。有一段时间，加勒特喜欢买非常好的葡萄酒，不是那种从瓶子里倒出来的液体，而是一生只会享受一次的美酒，只有在生命中最难忘的时刻才会把它拿出来。但是对加勒特来说，他连一次开酒的机会都没有。这些酒太好了，似乎从来没有哪个场合值得。加勒特与一位朋友聊起了这个困惑，朋友给了他一条绝妙的建议："有时候，美酒本身就是值得庆祝的。"这个思维转变如此简单，却体现了改变值得庆祝之事定义的重要性。

我们发现，如果人们每天提醒自己要为过程庆祝，他们就会开始注意到各种各样值得感激的事情。如果收到了一个以前从未听过的反对意见且不知道如何回应时，他们会庆祝，因为下一次听到这个反对意见时，他们会做好准备。或者说，他们可能再也不会听到这样的反对意见，因为他们发现，之所以遭到反对，是因为瞄准了错误的潜在客户类型。如果一位企业家收到了关于产品原型的负面反馈，她可以庆祝自己足够聪明，早早地向人们征求意见，如果按原计划推进，时间和金钱就白白浪费了。

通过积极寻找值得庆祝的事物，你的生活会变得更加有趣。（只要庆祝方式合理，哪怕在至暗时刻，你也可以庆祝！）在销售过程中，你将不会那么容易受到情绪起伏的影响。你甚至可以将庆祝活动变成一场真正的派对。为过程庆祝，每个团队都有不同的方式，但目标始终是相同的：时常庆祝，为过程庆祝，最终的胜利会成为过程的附属品，而不是唯一的关注点。我们曾经与一个团队合作，他们开启了一段被称为"挂断电话聚会"的欢乐时光。聚会的频率是每周一次，团队成员聚集在一起讨论自己本周最大的失败，并制定了3条规则：

1. 庆祝你失败的原因。
2. 弄清楚你可以采取哪些不同的方式。
3. 永远不要在同样的地方跌倒两次。

这些聚会者养成了成长型思维模式,并系统地为过程庆祝。

通过庆祝过程,拥有反直觉销售思维的销售人员不再被动等待那些让他们开心的事情发生,而是选择主动寻找那些能让他们持久快乐的东西。这意味着什么呢?这意味着快乐不仅仅取决于输赢,因为无论你赢了多少次,永远不可能有如此多的快乐来维持销售生涯中不断的起起落落。无论销售的产品是什么,销售人员都不会在销售过程中获得即时的满足感。优秀的销售人员既不会追求即时满足,也不会耐心坐等延迟满足的到来。他们在整个销售过程中体验到了持续的满足感。

改变你的措辞

我们采访过的许多优秀销售人员告诉我们,他们进行了另一种形式的认知重评,那就是,通过自我对话的方式告诉自己做了什么。正如认知心理学家在研究中展现的那样,仅仅改变我们在谈论困难经历时使用的词语,就能改变我们的思维方式。有个常见的例子:"我宁愿处理一个问题,还是应对一个挑战?"如果你在失去订单时,不再感到愤怒,而是感到沮丧,你能体会到其中的差别吗?比起问题和愤怒,挑战和沮丧能引发更积极的情绪,鼓励你更快走出阴霾,迎接新的机遇。传奇音乐制作人昆西·琼斯更是这样说道:"我没有困扰自己的问题,只有待我解决的难题。"通过改变你的用词来重构思维方式是非常有效的。我们认识的一位销售代表,他过去常常告诉自己:"我每天不得不打 80 个销售电话。"现在的他会说:"我今天准备见 80 个陌生人。"他不知道这些对话会有什么样的走向,但当我们问他为什么改变用词会带来不同影响时,他回答说:"这让我想起来，在 80 个电话中，总有几个非常有趣，还有一些非常幽默。我不需要为了取悦客户而去搞笑，我们之间的对话就是这么有意思。"

有时候，我们会忽视对自己和他人使用的语言有多么消极。我们曾与一位销售人员共事过，他似乎总是在生气，并且经常说着同样的话，向任何愿意倾听的人抱怨。无论是在茶水间还是在电梯里，只要有机会，他都会嘟囔着："我受不了打这么多电话……这给我们的负担太重了，我甚至没有时间去见客户，但公司仍然希望我们这样做……客户永远不会理解我们的价值主张。"然后，在一次月度会议上，团队中的另一名成员问他："如果你如此讨厌自己所做的事情，为什么不换一份工作呢？"他的回答让团队成员感到震惊："你为什么这么说？我又不讨厌自己的工作！"长久以来，他一直在宣泄消极情绪，甚至没有意识到自己的话听起来是这样的。我们建议他更加注意描述自己情绪的方式，无论是对自己还是对他人，而且他要意识到整个团队都在注意他的一言一行，他信守了承诺。一个月后，他惊讶地发现他的销售量比过去 3 个月的总和还要多。这是巧合吗？也许吧，但我们觉得这不是巧合。

看到这个简单的改变如此有效，我们设计了一款小游戏，帮助人们重新评估消极模式：列出你最常说的 10 个消极词语，并停止使用它们。描述相同的感受时，用一个能引发更积极情绪的新词语或短语来替代每一个消极词语。这种做法不仅非常有效，而且通常很有意思。在面对重要客户进行产品演示时，有位销售工程师总是感觉"紧张"，现在他决定告诉自己，他只是有点儿"坐立不安"，就像裤子里钻进蚂蚁那样。这种用词的改变，让他能够面带微笑地进行演示，因为他一想到有蚂蚁钻进了自己的裤子，就感觉很好笑。有个销售人员在打完一通不愉快的电话后，在办公室里大爆粗口："去×××！"在办公室里飙脏话损害了他的名声。于是他决定改说"去他个小饼干"。这太搞笑了，也让他明白他真的应该戒掉爆粗口的坏习惯。

语言是有力量的，它们既可以给予你能量，也可以从你身上夺走能量。花时间反思一下你使用的语言，无论是对外还是对自己。这样，在销售中面对任何问题，你都能更加专注于可以带给你积极影响的那些方面。

反直觉销售思维自然而然创造了转变为成长型思维模式的机会，关注富足而非匮乏，成为创造者而非受害者。对销售精英来说，运用这种思维模式不仅仅是为了达成更多交易，而是成为想要成为的人和销售人员，不是成为"应该"成为的人。将销售视为一种学习工具，可以让你在生活和事业中不断进步，使你充满目标感和满足感，你将投入其中并且每一天都有机会体验到真正的成长。

此处附上一句鲁米的名言，以使本书更加完整："恐惧是不愿接受不确定性，如果我们能拥抱不确定性，恐惧就会变成一场冒险。"拥有反直觉销售思维的销售人员珍惜每一次成长。他们不惧怕挑战、拒绝和不确定性，因为他们知道自己是冒险之旅的一部分。世界上最优秀的销售人员以相同的方式看待销售和生活。无论是好是坏，他们几乎将每个时刻都视为重要时刻。他们的庆祝不以成功为前提，而是基于此事对自己的影响。任何重要时刻都可以产生影响，在这种观点的帮助下，他们找到了工作和生活中的意义。

第四章

重塑大脑，保持积极乐观的心态

乐观主义者相信眼前的困难和失败只是暂时的，他们不会放大困难，也不会自我责备。保持积极乐观能够提升自身能力，自我赋能，并努力改善结果。我们的大脑具有可塑性，我们可以有意识培养好的习惯，抑制消极思维，发现更多的美好。

有一天，科林和他的妻子玛戈带着两个年幼的儿子准备从洛杉矶国际机场搭乘飞机，但事情并没有按照夫妻二人计划的那样发展。只要和小朋友一起旅行过，你一定会对科林和妻子的故事感同身受：一个儿子急着上厕所，但他们已经快要赶不上航班了，因为那天早晨出门晚了，换乘了网约车、出租车和机场班车；另一个儿子哭了，不是因为到了他的午休时间，而是因为他被急匆匆地推着冲过金属探测器和安检队列。在一片混乱中，科林对玛戈微笑着说："至少我们永远不会忘记一家四口的第一次飞行！"

"你真是个病态的乐观主义者！"玛戈恼怒地回应着科林。她丝毫没有表扬的意思，但科林却把这句话当作称赞。科林并没有把注意力放在要处理孩子如厕和有可能赶不上飞机的压力上，而是考虑着如何将这样的"突发事件"变成家人之间的特别回忆，有朝一日回忆起今天发生的事情，大家能够笑出声来，因为他们度过了典型的家庭创伤事件，并因此变得更加坚强。与生命中最重要的家人共度美好时光所带来的幸福，远远超过了科林眼前的困扰。毕竟，所有珍贵的回忆都来自一片混乱。我们最怀念的时刻，往往来自我们经历过的不可思议的事情。

回顾自己的采访时，我们注意到了另一种模式的萌芽，这不禁让科林想起了玛戈那天在机场对他说的话。无论这种乐观态度是不是天生的，那些拥有反直觉销售思维的人都培养出了一种有意识的、习惯性的（换句话说，病态的）乐观心态。

拥有反直觉销售思维的人明白，如果他们训练自己去寻找和发现生活中的美好，就一定能够找到。即使他们发现，在寻找美好的同时也面临着艰难的挑战，那些拥有反直觉销售思维的人也会在机会来临前做好准备。至少，乐观的他们认为自己遇到的困难终究会被解决，这也使得他们能够在其他人停滞不前、濒临放弃时，仍然坚持完成手头的工作。

乐观的力量是医疗保健初创公司预期生命数据（Preveta）取得成功的关键。2017年底，预期生命数据公司联合创始人雪莉·李的终身挚友贝姬·拉莫斯的身体开始出现疾病征兆。雪莉接受过执业护士培训，而且担任过癌症中心的主任，她担心贝姬可能患上了癌症。雪莉帮助挚友的家人应对病人护理中面临的诸多挑战，比如解读病理分析报告，找到合适的专科医生，咨询保险公司的理赔进度等。所有这些障碍导致诊断延误了3个月，最终传来的是贝姬确诊卵巢癌晚期的不幸消息。这个诊断对贝姬来说为时已晚，她可能无法通过手术来挽救生命。预期生命数据公司的诞生，源于雪莉的乐观态度和她的坚定信念——她相信自己可以在极大程度上帮助患者和他们的家人改善就诊体验。

虽然几乎每个创始人在刚起步时都对自己公司的前景持乐观态度，但雪莉坚定的使命感和信念感还是给我们留下了非常深刻的印象。她很清楚，医疗保健行业一向抵制和反对变革。但雪莉有信心，她和丈夫，数据科学家维克多（预期生命数据公司联合创始人），一定能克服困难。通过基于大量临床数据的人工智能算法，他们的软件可以让医生加快诊断和治疗的速度。每一位与雪莉交谈过的投资者都这样告诉她："你们的想法很棒，但要将产品渗透到整个复杂的医疗系统中是非常困难的。"面对这些反对者，雪莉是怎么回答的呢？雪莉说："正是如此！"反对者表达的悲观情绪和怀疑态度进一步激发了雪莉的乐观情绪。正是因为有很多人认同这个想法，却又不相信系统可以改变，所以在雪莉之前很少有人努力尝试过。雪莉和她的团队面临着巨大的机遇。

几年时间过去，尽管雪莉的团队依然面临着许多挑战，尽管雪莉的产品依然不被反对者看好，预期生命数据公司还是从创业公司孵化加速器科技之星（TechStars）顺利毕业，并成为科技之星孵化的杰出创业公司之一。预期生命数据公司获得了多个风险基金的投资，超额完成了首轮融资，并立即开始更新医疗保健系统的陈旧基础设施。如今，预期生命数据公司的软件被数家大型医疗保健供应商使用，更重要的是，该软件显著提升了早发现、早诊断、早治疗癌症的能力。

预期生命数据公司的成功让我们想起了一个经典的寓言故事：在英国有一家制鞋厂，准备将业务扩展到非洲的农村市场。于是，公司派出两名销售人员到不同的国家，看他们如何打开市场并推动销售。到达后不久，两名销售人员就向老板汇报。其中一名销售人员担忧地说："这里的每个人都赤着脚。如果我们进入这个市场，我们一双鞋也卖不出去。"而另一名销售人员则兴奋地喊道："这个地方对我们来说太完美了！这里没有人穿鞋，也没有人卖鞋。我们要发财了！"

做一个现实乐观主义者

我们与热爱销售工作的人交谈时，发现他们几乎有一种超自然的能力：即使在最具挑战的情况下也能找到积极的一面。我们明白这看起来像是盲目乐观，就像那些陈词滥调，诸如"往好的方面看"或是"把柠檬变成柠檬汁"。确实存在许多针对这种简单化的乐观主义的反对意见，且理由充分。过分乐观或是"无论情况多么可怕或悲惨，都应该积极面对"，可能会产生毁灭性的影响。芭芭拉·艾伦瑞克是《失控的正向思考》（Bright-Sided: How the Relentless Promotion of Positive Thinking Has Underminded America）一书的作者，她说乐观"是2008年经济崩溃的原因之一。没有人能看出来不好的事情即将发生"。

我们并不建议拥有反直觉销售思维的人面对真实情况时压抑或忽略自己的合理担忧。正如玛戈那天在机场对科林的积极态度表示愤怒那样，在逆境中保持乐观似乎是一种欺骗。但乐观主义并不是现实主义的对立面。拥有反直觉销售思维并不意味着，遭遇困境时（这是不可避免的）逃避现实，假装一切很美好。正如我们在上一章看到的那样，拥有反直觉销售思维的人能够认清自己的真实能力，并勇敢地应对挑战。乐观并没有使他们忽视面临的困难，而是令他们不惧怕困难。拥有反直觉销售思维的人相信，从长远来看，眼前的困难总会过去，美好的明天终会到来，暂时的困难不会让他们迷失。心理学家金伯利·赫汉森说："乐观并不意味着忽视生活中的压力来源，而是用一种更积极的方式应对挑战。"

在积极心理学领域，乐观主义被广泛研究。乐观主义并非被简单定义为相信好事会发生。它被描述为一种解释方式，让人们"相信眼前的困难和失败只是暂时的，不要放大困难，也不要自我责备"。正如成长型思维模式灌输的信念那样，我们能够提升自身能力。积极乐观的态度又帮助我们意识到，我们能够运用自身能力来改善结果。实践乐观主义是自我赋能的一种形式。

人有乐观主义和悲观主义之分，但这难道不是我们与生俱来的性格特征吗？在某种程度上，这是事实，但并不像人们普遍认为的那样，乐观悲观是天生注定的。研究表明，决定一个人是乐观主义还是悲观主义，基因因素只占 25%。这意味着，剩下的 75% 由我们的成长经历和生活经历决定。更重要的是，我们有 100% 的能力打破基因和经历的限制。遇事是否应乐观面对，我们有能力自己做决定。

我们不该将自己看作"一个乐观主义者"或是"一个悲观主义者"。其实，我们每个人都可以既是乐观主义者又是悲观主义者。例如，我们中的大多数人在生活的某些方面更加乐观，而在其他方面更加悲观。我们可能对培养好孩子感到非常乐观，对找到喜欢的工作或随着年龄增长保持健康感到悲观。但是，我们都有能力选择在感到悲观的事情上培养乐观态度。

马丁·塞利格曼是公认的积极心理学之父，他对乐观主义进行了深入研究，并在他 1990 年出版的著作《活出最乐观的自己》（Learned Optimism）一书中写道："积极乐观的能力，就像其他任何才能一样，是可以通过后天培养习得的。"自那时起，积极心理学领域的大量研究证实了塞利格曼的发现，即"乐观品质可以培养"这一观点。在塞利格曼眼中，积极乐观的心态也是销售成功的助推器。

乐观主义者的优势

20 世纪 80 年代，保险行业巨头美国大都会人寿保险公司邀请塞利格曼开展一项研究，以探索积极乐观的心态对公司销售人员业绩的潜在影响。当时，大都会保险公司每年招聘近5000名销售人员，并以每人3万美元的成本对他们进行培训，但其中一半的销售人员在第一年就选择了离职，这是一笔巨大的投资损失。

塞利格曼对公司新入职的15 000名销售人员进行了研究分析，通过衡量"对未来的憧憬程度""认为自己能够克服困难的程度"以及"对自己成功率的看法"这三个方面，评估了销售人员的乐观程度。研究跟踪发现，那些乐观程度排名前10%的人在两年后达成的销售业绩，比乐观程度排名后10%的人高出了88%。塞利格曼发现，在实现销售目标的过程中，拥有乐观态度甚至比精通销售技巧更为重要。

在许多行业和销售组织开展的1000多项研究中，乐观程度与销售成功之间的紧密联系已得到了证实。人们发现，拥有积极乐观的心态更容易迈向成功，因为它可以有效降低员工离职率，激发人们掌控命运的动力，能够让大家满怀信心迎接挑战，面对困难不屈不挠。

我们在为一家公司做新入职销售人员培训时亲眼见证了这一点。在培训中，我们引入了一项常用的培训活动，即把一些"沉睡客户"分配给新入职的销售人员。那些客户通常是长时间没有互动、没有下单行为的老客户，但他们并没有消失，只是需要被唤醒与激活。这项培训活动的理念是，通过这种方式让经验尚浅的销售人员接触真正的潜在客户，打磨他们的销售技能，让销售人员在新的销售机会来临前做好准备。由于"沉睡客户"可能已经"沉睡"了数月甚至数年之久，因此，大多数新来的销售人员对"唤醒"这些潜在客户并不抱太大期望（新人的领导也是如此），但这并没有打击其中一位受训者的积极性。

这位新人名叫凯蒂，是一个真正的乐观主义者，她知道"沉睡客户"

中蕴含着宝藏。凯蒂仔细研究了分配给她的每一位"沉睡客户",并研究了他们的信息记录。在打电话给"沉睡"客户之前,她就已经假设电话那头会传来好消息。面对那些几乎快把凯蒂公司忘得一干二净的人,凯蒂主动出击,把握和他们沟通的机会。如果凯蒂认为自己只是在培训阶段,而不是发自内心地期盼达成交易,那么她与潜在客户的沟通交流不会如此顺畅。凯蒂有效转化了许多通常被忽视的"沉睡客户",甚至把他们变成了真正的客户,以至于那些做了一辈子销售工作的人决定,他们也要重新与老客户联系。毕竟在他们眼里,干了一辈子销售的自己付出了毕生努力,为积累客户打下基础,却让这个新来的销售人员坐享其成了!

销售中的积极情绪为何如此有效呢?还有一个原因是,积极情绪是会传染的。商科教授斯科特·弗兰德和他的同事在研究中发现,销售人员的积极情绪通常会传递给客户,甚至传递给同事。斯科特和同事把这一发现称为"情绪传染效应"。

加勒特亲眼见证了这种"传染性"。当时,他正在为一家处于成长期的科技初创公司设计方案,以帮助其巩固与软件分销合作伙伴的关系。这家科技初创公司试图向一家大型分销商推销他们的产品,并通过分销商将产品转售给更庞大的客户群。科技初创公司的合作伙伴经理曾和这家分销商签过协议,坦率地说,他感觉自己上当了。这位经理抱怨道:"这根本不值得,签订协议需要花上几个月的时间,一旦我们签了协议,之前的承诺就一笔勾销,分销商会把注意力转向其他事情,我们得不到任何好处。"显然,这种悲观情绪传到了与他洽谈的合作伙伴那里,以致他们的沟通无法顺利推进。

不同于那些悲观的合作伙伴经理,这家科技初创公司的创业者相信,与分销商建立合作伙伴关系对公司来说将是一个巨大的机会。他们并不打算放弃，还萌生了一个新的想法。他们换掉了那个合作伙伴经理，把这项工作交给了一位年轻热情的销售人员。这位新销售从未与分销商打过交道，却因为满满的正能量而声名远扬。

一开始，会议室里的分销商代表并不理解为什么这位年轻的销售代表如此兴奋。有新消息吗？有什么自己未曾察觉的需求吗？还是自己错过了什么？他们也忍不住兴奋起来。没过多久，他们就发现了自己之前忽视的东西——在一个即将流行的行业里，他们有巨大的机会成为第一批吃螃蟹的人！于是，销售代表和分销商代表开始谈论起了潜在的市场合作、联合新闻发布以及激励分销商销售团队将公司产品销售给大客户的方法。合作伙伴关系没有发生任何改变，这些机会一直存在。唯一不同的是对话主导者的乐观程度。

杰夫·艾耶罗夫是一名音乐主管，在整个职业生涯中，他完全驾驭了情绪传染效应的力量。杰夫把想法和创意卖给知名音乐人，如"王子"普林斯·罗杰·尼尔森、兰尼·克拉维茨和警察乐队，随后他又把这些音乐人"推销"给广播电台、出版商和电视网络，杰夫所做的这一切让他跻身音乐行业的最高层。当我们在杰夫能够俯瞰太平洋的豪华客厅里采访他时，他告诉我们："我一直认为，如果你能够像粉丝追星那样不断接近客户，销售就会容易许多。"据杰夫说，允许自己成为粉丝让他真正变得乐观，就像大多数粉丝面对他们最喜欢的明星那样。杰夫用一个例子向我们阐明了他的意思。当时，他尝试将华纳兄弟唱片公司签下的一名新人推荐给音乐电视（MTV），那时的他刚刚被任命为华纳的高级副总裁。

谈到自己有多看好这位初出茅庐的艺人时，杰夫告诉我们："我看见了麦当娜身上的特别之处。我给音乐电视的几位高管打了电话，对他们说，'如果你们播放她的歌曲，她将成为音乐电视最闪耀的明星，当她成为音乐电视的代言人时，她一定会展示出来的'。"听杰夫回忆那个40年前的电话时，显然他说的每个字都是认真的。你可以感受到杰夫对自己所"推销"的明星的那种敬仰和乐观的态度。杰夫乐观思考，真诚地相信麦当娜的成功是必然的，他还深入洞察到了对于自己的目标客户而言，什么才是最重要的。杰夫相信，如果客户购买他所销售的东西，他们也会受益。杰夫告诉客户："相信我。"也知道他们一定会相信。他的乐观态度很有感染力，众所周知，后来麦当娜成为音乐电视一代标志性的偶像之一，杰夫也成为多年来音乐电视最大的供应商。

努力培养积极乐观的情绪不仅能够帮助我们成为一名更好的销售人员，而且对我们自身的健康也极为有益。研究表明，乐观情绪对我们的心脏有好处，可以减少心血管疾病和突发性心脏病，同时还能增强我们的免疫系统功能。哈佛大学针对护士健康开展了一项研究，这是公共健康领域耗时最长也最有影响力的研究之一。研究结果表明，在长达8年的时间里，乐观水平测试得分最高的女性死于严重疾病的可能性比平均水平低30%。

在销售过程中，销售人员不可避免会遇到困难和挑战。培养乐观态度是让他们能够积极应对挑战的关键。如果没有乐观积极的态度，面对逆境的销售人员就很容易陷入情绪阴霾。

关注负面是人的天性

不幸的是，作为人类，我们天生就会被负面信息所吸引。从人类起源开始，日常生活中的危机四伏使我们产生了一种对潜在危险保持高度警惕的适应性倾向。随着时间的推移，随着人脑的进化，我们自然而然地倾向于关注负面事件，无论它是真实的或是想象的。这被称为"负面偏见"。正是因为负面偏见，比起成功和收获，我们通常更容易记得失败和过错。我们看到许多销售人员被负面偏见拖累。一位与我们合作过的销售人员告诉我们："我无法记住自己达成的任何交易，但对于自己丢掉的每一笔单子都记得非常清楚。"

心理学家罗伊·鲍迈斯特针对这一现象进行了研究。罗伊解释说，比起正面情绪，我们的大脑对负面情绪的处理更为彻底。这也意味着我们对于负面事件的感受更为深刻。我们甚至会用更强烈的词汇来描述糟糕的经历，这也是我们能更深刻地记得负面情绪的部分原因。鲍迈斯特说，这解释了为什么"丢了 50 美元的痛苦远大于捡到 50 美元的开心"。

销售过程中往往伴随着压力，从领导紧盯着的业绩要求，到不切实际的目标，再到执行的紧迫程度，销售人员触发负面偏见实在是情有可原。但这往往会导致自我强化的恶性循环——销售人员专注于他们没完成的交易，工程师一心只想着他们没能搭建的功能，一线员工成天只盯着他们没有拿到的激励奖金。

在《持续的幸福》（*Flourish*）一书中，马丁·塞利格曼这样写道："我们太过在意生活中的坏事，对好事却关注不多。当然，有时候我们需要对坏事进行分析，以便从中吸取教训，避免将来重蹈覆辙。然而，人们思考生活中的坏事的时间，经常多得没必要。"我们确实发现，与我们合作过的许多人都是如此。他们提出了一大堆无法获得更好结果的理由，比如市场太小、潜在客户不足、比不过竞争对手、产品功能性不足、公司跟不上客户消费习惯的变化速度、执行团队不能拓展思路、市场营销做得不好、客户对他们的态度恶劣，还有销售周期太长，在完成下一轮融资之前，他们什么都做不了……诸如此类，理由无穷无尽。

我们看到，负面情绪一次又一次地消耗着人们。它削弱了人们改善结果的能力，让大家只关注于辩解自己为什么没有取得更好的结果，这让他们止步不前，甚至不敢真正尝试。即使他们明显具备成功所需的一切才能，情况也是如此。

我们曾为一家公司开发过一门课程。在这门课程中，我们在至此为止遇到过的最优秀的学员身上看到了这一点。这位学员热情高涨、胸怀大志，在课堂上有着出色的表现。可一旦真正投入工作，他却连关门这样的小事都做不好，更别提去好好接待一个客户了。几个月后，他便离开了公司。

回望过去，很明显他犯了一个常见的错误，认为做的事情越多就越可以治愈自己的伤痛。他采用广撒网的方式拓展客户，这也是许多销售人员在事情进展不顺利时所依赖的方式。这样做的时候，他完全忽略了非常重要的一步，就是去了解自己"广撒网"的对象是不是真正的目标客户，他们是不是真的用得上他所销售的产品。这位学员的老板和同事完全有能力帮助他发现这个问题，但他并没有向他们寻求指导和帮助，而是担心别人对自己有不好的看法，于是开始暗自琢磨。几个月后，他离开了公司，放弃了销售，转行做了项目经理。

日益频繁的拓客行为并没有为他带来更多的销售额，当这一事实渐渐显现，他便开始消极怠工，每周拨打推销电话、给客户发邮件的次数越来越少。在岗的最后一个月，他打的销售电话甚至比刚入职时减少了90%。

这种销售活动的大幅减少是销售倦怠的典型症状。通常情况下，当我们第一次深入了解一家遇到销售瓶颈的公司时，我们发现，销售团队里有很大一部分人处于倦怠或接近倦怠的状态，他们在办公室里看起来只是面无表情、有点麻木，但内心早已感到精疲力竭、不堪重负，并开始拼命地联系招聘专员准备换一份工作。世界卫生组织已经将职业倦怠列为疾病，这种倦怠只不过是过度关注负面信息所造成的众多不良健康影响之一，这种不良影响包括对心理健康状况的影响，如抑郁或焦虑，还有对身体健康状况的影响，从轻微疾病到心脏疾病，甚至会影响寿命。

显然，对于任何想要把销售工作做好并享受其中的人来说，培养积极乐观的心态至关重要。

培养乐观心态

科林的一个好朋友凯文相信算命师。有一天，凯文在威尼斯海滩散步时，一位算命师示意凯文在人行道边的摊前坐下。算命师对凯文说："我明白，除非我能向你证明我算得准，否则你肯定不会相信我。所以这次我免费为你算命。如果我算对了，那你下次再来的时候付我钱就好；如果我算错了，那以后你不来找我就是。你觉得如何？"

凯文耸了耸肩，这听上去对自己没有任何损失，于是欣然同意了。

算命师俯下身子，告诉凯文她的预测："今天会有3件好事发生在你身上。"

凯文打电话给科林，说算命师告诉自己今天将会发生3件好事，科林不以为然，希望凯文也不要想太多。但一个小时后，凯文又给科林打了个电话。(在这里解释一下,因为凯文在车辆管理局排队时,破口大骂的次数比喜欢爆粗口的好莱坞影星塞缪尔·杰克逊还多。我们还以为凯文又要发飙了。)但凯文说:"真难以置信!我刚才在快餐店点了我常吃的双倍鸡肉卷饼加牛油果酱,但负责结账的女生只收了我一份鸡肉的钱。我提醒她餐费可能算少了,她说不用担心,包在她身上!"

科林听完笑着说:"这的确是一件好事。"

几个小时过后,凯文又来电了。"太疯狂了吧!我的会议超时了,会议结束后我走向停车场找车时,看到一名车辆管理员正要给我的车贴罚单。我赶紧跑过去,就在她打印罚单票据前几秒钟,我赶到了车前。她对我说:'哥们儿,我猜今天是你的幸运日。'"

科林又笑了,打趣凯文说:"这太有意思了。"

又过去了几个小时,科林接到了第3个电话。"科林,真的太不可思议了。我刚才和我的客户通了电话,原定明天我们就合同最终细节进行沟通,但客户突然说他要取消,因为他感到有点不舒服。然后不知怎么的,客户突然告诉我说,不需要再沟通了,因为他已经准备好推进合同流程了,让我把合同直接发过去就行!你敢相信吗?那个算命师算得太准了!"

科林深吸一口气,说道:"凯文哪,作为你的朋友,让我来问问你。如果算命师告诉你今天会有3件坏事发生在你身上,你觉得会发生什么呢?"在随后尴尬的20秒沉默中,他希望自己能够看到凯文的不安表情。凯文回答:"不知道会发生什么呢,但我想自己应该会为坏事的发生做充分的准备吧,我会时刻留意,提高警惕。"

"就像你为好事发生做好了充足准备那样吗?因为你时刻留意?"

凯文的故事说明了有意识地践行乐观主义的两个要点。首先，这是一个完美的例子，正所谓"想好事，好事降临；想坏事，坏事敲门"。其次，这也很好地提醒了我们，转变思维可以改变我们看待世界的方式。

当我们开始深入挖掘并询问更多那些拥有反直觉销售思维的人如何保持乐观时，我们意识到，他们会有意调节自己，让自己一直专注于事物的积极面。如果你问一个健美运动员如何保持清晰的肌肉线条，他们会觉得问题有些滑稽，然后说出这个显而易见的事实："因为我每天都去健身房。"乐观态度也不例外，你必须不断地训练自己的"乐观肌肉"。那些拥有反直觉销售思维的人专注于寻找"待在健身房"的方法。他们时刻留心寻找事物的积极面，将这种练习变成自己能够保持的习惯。一些优秀的销售人员甚至告诉我们，其实他们天性悲观，但他们也转变了自己的思维模式，让自己积极地看待事物。这些人的所作所为证明，有意识地保持乐观是可能的。

演员、编剧斯穆夫生动地分享了他训练思维、让自己专注于积极面的特殊方法。在他担任综艺节目《周六夜现场》编剧期间，斯穆夫在每周的剧本推介会上"推销"自己的想法，这让他成为节目的传奇人物。斯穆夫向我们讲述了一个故事，关于他在参与了三季节目后，解雇了自己的经纪人。斯穆夫非常清楚，这意味着他无法和节目组续约，因为他的经纪公司与节目组有着密切的联系。他告诉我们："有时候你必须做一些看起来很可怕的决定，但如果你相信自己，认同自己所做的事情和付出的努力，那就没什么可害怕的。"这就是一种病态的乐观。

斯穆夫知道，即使他无法回到热爱的工作岗位，只要专注于练就自身的本领，也一定能找到一条出路。"你必须相信自己，即使你不能成功卖出某样东西，一定有其他东西你可以卖得很好。"（就像斯穆夫的粉丝知道的那样，他从未遇到过哪个无法用一连串的脏话炸弹来"改进"的句子！）

当我们深入探讨斯穆夫的乐观哲学时，他与我们分享了一些他的思考，可以让人们在灰心丧气时提振信心。斯穆夫说："有消极的脏话，也有积极的脏话。"他解释道，"在消极情境下，脏话是放弃、投降的泄气话，因为你感觉自己没有选择的余地，比如举起双手投降时泄气地说了句'去×××'。在积极情境下，脏话是表达真实情感的工具，比如鼓励自己时说'我将全力以赴创造出了不起的东西，我×××一定能做到'。"

支撑斯穆夫观点的积极心理学研究表明，这种自我引导可以产生强大的效果。通过引导我们更频繁地采取积极的行动，能够创造一个积极强化的循环。或者用斯穆夫的话来说，你越是默认积极的脏话，你就越能证明自己是对的，你就越想说："×××，为什么不试试呢？！"

有句印度谚语："有时候，错误的列车会把你带到正确的目的地。"条条大路通罗马。即使面对挑战，我们也要记住任何情况下自己都有能力选择关注的重点，设定合适的目标，只要我们把握现在，在关键时刻做出选择就好。拥有反直觉销售思维的人能充分意识到苦难或灾难在所难免。但正是这种意识让他们能够训练并且调整自己，承认自己只是暂时被不想要的东西困住了，然后将自己抽离出来，重新专注于自己想要的东西。拥有乐观心态的人会积极寻找出路、走出困境，他们不会被困难定义。

左右互"驳"

马丁·塞利格曼提倡所谓的"反驳"。换句话说，"反驳"就是改变你现有的看法，把关注点放在对消极看法的反驳和解释上，这意味着重新定义事件的起因或其影响。它同样意味着,提醒自己遇到逆境也要砥砺前行,积极乐观面对,而不是沉沦迷茫,止步不前。在某种程度上,这是与自己思维的一场辩论,说服自己摆脱消极情绪。实际上,这也是一种重新评估的形式,发现积极的一面,用积极的回应来推翻负面的想法。

假设近几个月以来,你一直都与某家企业客户保持着联系,但有一天,联系人突然失联,不回电话和邮件,什么消息都没有。你下意识的(悲观)想法可能是:"哦不,他们决定不买我的产品,所以现在开始无视我,比起亲口说出拒绝的尴尬,不回应其实就是对我无声的拒绝。"想到这里,你一定吓坏了。也许你会发送一封绝望的"挽留"邮件试图赢回客户的心,甚至写一封消极、有攻击性的"分手"邮件给客户,就像许多销售人员喜欢做的那样。(邮件中写道:"我已经有一段时间没有收到您的消息,所以特地写这封邮件来通知您,贵司的优先级已经改变……")

如果能够识别自己的消极情绪,你就能及时察觉并给自己讲一个新的故事。"不要急于下定论。我不是他们世界的中心。他们停止回复的原因有很多。他们可能有我不知道的问题。"随着时间的推移,当你不断地这么想,你会发现自己是正确的。当你意识到自己的想法只是想法而已,并不是需要对其做出反应的事实之后,你便会重新振作起来。根据我们的经验,比起那些虽知识渊博、经验丰富但缺乏自我意识的销售人员,拥有自我意识的销售人员几乎总能达成更好的结果。

用肯定词做开场白

我们采访了吉姆·埃利斯,在担任南加州大学马歇尔商学院院长期间,他为学校筹集了超过 50 亿美元的资金。这可不是一件容易的事情，因为给大学筹款实际上是伸手向人们要钱，对方得不到任何有形的回报（当然，除非你愿意花足够的钱来获得一栋以你名字命名的大楼！）。我们问吉姆他如何筹到这么多资金时，他谈到了一种简单的思维转变，自那以后，我们也从其他人那里听到了同样的观点。

"一路走来，我学会了以'好的'开始。也许我们将以'不行'被拒绝，以失败而告终，但'不行'这样的否定词，绝不是我们想要的开场白。"吉姆告诉我们。

传统观念认为，一般销售人员被拒绝的概率大约在 70% 到 80%。尽管如此，我们发现，那些拥有反直觉销售思维的人会用肯定词来积极开启每一次的销售互动。他们预设自己会顺利完成每一笔交易，这样也让拥有反直觉销售思维的人认真对待每一个与其交谈的人，就像他们已经是自己的客户那样。作为销售人员，当你预设每个潜在客户都会变成真正的客户时，你就会以不同的方式对待他们。当销售动力不足时，不用担心自己开不了单，因为你和客户的关系不再只是基于交易，而是基于彼此信任。当你认为应该反驳时，你会坦诚地表达反对的想法；你不会害怕与客户谈到竞争对手，或者讨论所售产品不具备的功能；发现某些事情不合理时，你可以毫不犹豫地表达反对意见，因为你不害怕失去，不在意一时得失。

世界知名艺术家凯莉·瑞姆森告诉我们，她通过设定一个简单可行的目标——只卖一幅画，来缓解自己对于要在一场展览中售出多少画作的焦虑感，尽管她的画作总是一售即空。这是她确保自己以肯定词开始，满怀信心地与收藏家交谈，顺利地把自己和作品推销出去的方法。通常情况下,在作品展出前,凯莉就能轻松达到只卖一幅画的目标。凯莉说,有了这个让自己充满信心的目标,她便可以自信大方地现身,而不是焦虑地想躲进洗手间里。

以肯定词开场的另一个好处是,当你真正相信每一次与潜在客户或现实客户的互动都是有益的,你便会开始寻找(并找到)客户将要购买产品的所有理由。"虽然客户还不太了解我们的产品,但我要努力证明给她看。""我从未见过哪家公司比你们更适合我们的产品。"这将永远改变他们做生意的方式。

拥有反直觉销售思维的人明白,自己不应该把注意力放在"应该"完成交易额的百分比上。如果你只把三成的潜在客户转换为现实客户,你觉得自己能得到什么呢?

有意识地感恩

"感恩"是近些年非常流行的一个词,几乎人人都会提起它,以至于我们差点儿不想把它写进书里。"心怀感恩"是反直觉销售思维的一个关键特征,这并非巧合,如果我们仅仅因为"感恩"听起来像一个时髦词汇而不把它写进书里,对读者来说是不公平的。许多践行感恩的方法已经得到了验证,感恩确实对销售有益处。

感恩是最重要的销售行为,没有之一,它有助于培养人们持久的乐观情绪。拥有反直觉销售思维的人都知道这一点,因此他们不会简单地告诉自己要心怀感恩,而是主动寻找方法来练习感恩。大多数人对此都非常敏锐,他们会注意到一些应该感激的事情,并在当下确认这种感激之情。然而，这种瞬间的感激之情并不能长期延续，因为它局限在了特定的情景中，你只能对眼前的事物心存感激。陷入强烈的感激之情时，你可能会感激参与你的种子轮投资的天使投资人，却不会感激创造出了产品，从而让你筹得资金的产品工程师。或者说，你可能会感激自己的孩子给你生命带来的快乐，却忘记了感激自己的伴侣，如果没有他，孩子也不可能存在。为了加强这种感激之情，不仅要将其融入销售过程，还要融入你对生活的思考方式。即使感恩的理由不是那么明显，你也必须去发现它们，而不仅是在对你有利的时刻，你才能发现感恩的理由。如果你能够加强感激之情，并将其融入你默认的思维方式，你就能在每一次销售互动中持久地享受我们在本章中描述的益处，而不仅仅在事情进展顺利的时候。

如何才能满怀感恩之心呢？首先要在无以感恩的时候寻找并留意值得感恩的地方。我们建议大家坚持写艰难时刻日记。在最具挑战性的日子结束时，比如丢了一笔订单、被客户拒绝、身体抱恙、与同事发生争执或者仅仅度过了糟糕的一天，尽可能地写下当天发生的所有不顺利的事情。尽管这并不能立即让你关注到值得感恩之处，但它是一种情绪宣泄。然后，在日记的下一页，写下当天发生的所有好事，或者第二天可能会变得顺利的事情。记录艰难时刻也许并不容易。在美好的日子里，感恩很容易，但如果在不那么美好的日子里也能够感恩，你会发现糟糕的日子越来越少。写日记也许对某些人来说有点尴尬（我知道，此刻你可能想到了"感恩日记"，但这确实是一种不同的练习），但我们采访过的许多拥有反直觉销售思维的人都采取了类似的方式来记录自己的感恩之事和感激之情，通过写日记的方式，你可以迫使自己去寻找值得感恩的地方，不断巩固自己的乐观心态。

对感恩颇有研究的心理学家里克·汉森表示，由于生存本能影响，负面经历会立刻被大脑记录下来，在前文中我们也讨论过这一点。所以，必须在自己的脑海中回想 5~20 秒的正面经历，这样我们的情感记忆才能够被储存。如果不以这种方式存储记忆，随着时间流逝，我们就无法受到积极情绪的正面影响。因此，汉森建议每天花点儿时间关注一天中的正面经历，发现感悟，品味收获。现在对大家而言，这应该非常容易，因为我们已经开始寻找理由来庆祝感恩的过程！

客观衡量你的乐观程度

在任何一个优秀的训练计划中，你肯定希望有个标准来衡量自己的进步。但客观衡量提高的乐观程度并不那么容易，你很难知道自己的乐观水平究竟处于哪个位置，自己究竟是乐观多一些，还是悲观多一些。很多时候，当你让一个悲观主义者评估自己时，他们会说自己是现实主义者。如果你也感觉难以评估自己的乐观程度，下面有一个简单的问题列表，可以帮助你有效评估。（该问题列表改编自沙伊尔、卡弗和布里奇斯的生活取向测验。）

请仔细阅读以下每一个句子，根据自己的实际情况，填写相应的分数。尽可能真实、准确地依据自己的内心感受作答，而不是考虑大部分人会怎么回答。

打分机制

非常同意 5 分

同意 4 分

不确定 3 分

不同意 2 分

完全不同意 1 分

陈述

1. 遇到大多数人害怕面对的结果时，我相信一切都会好起来。
2. 当坏事发生时，我相信这是外界各方面作用的结果。
3. 比起大多数人，我所遭遇的坏事更少。
4. 无论现状如何，我相信自己能够挺过去。
5. 只要我努力寻找，一定会发现惊喜。
6. 只要我足够努力，就会有好事发生。
7. 我能很好地应对拒绝。
8. 我很少因为无法控制的事情而生气。
9. 我本身的幸福感比周围其他所有人都高。
10. 我的心情不会大起大落，我很满足于自身拥有的东西。

如果你的得分在 35 分或以上，那么你本身的乐观水平高于大多数人，继续锻炼你的"乐观肌肉"吧。如果你的得分低于 35 分，也无须惊慌失措，因为你的测试结果与大多数人一致，上述方法一定可以帮助你不断提升自己的乐观程度。

也许你从未听过卡塔琳·卡里科博士的名字，但她的研究一定对你的生活产生过影响。卡塔琳博士是一名生物化学家，早在 1990 年代初，她便开启了开发 mRNA 疫苗的技术研究。如今，这项技术正用于治疗癌症、多发性硬化、狼疮和疟疾的临床试验中。卡塔琳的研究为她赢得了无数荣誉，但她的成功之路并非一帆风顺。在研究初期，她经历了一次又一次挫折。

卡塔琳曾遭遇科研经费申请接连被拒，部分原因是她"推销"的个人研究对抗了更主流的技术，并且无法超越基因疗法和遗传因子研究。卡塔琳的研究工作进展缓慢，为此她多次遭到解雇或降职。尽管遇到了这些困难，卡塔琳始终保持乐观。"你看，那时候的每一张照片里，我都在笑。当时我很开心。"很大程度上，这种乐观源于卡塔琳真的相信自己为之努力的事情终将取得成功。她说："我能看到这项研究将为某些事情带来好处，这就是我的动力源泉。"

卡塔琳博士通过训练，让自己面对挑战时保持乐观。被现实击倒时，她并没有一蹶不振，而是选择重新站起来。卡塔琳认为这只是时间问题，并且相信，如果她去做这项研究工作，把她自己和她的想法"推销"给关心她研究工作的人，她终将实现自己想要实现的科学进步。和卡塔琳一样，拥有反直觉销售思维的人也会利用乐观心态来改变他们的销售方式。

在过去几十年里，心理学的一项最重要的发现便是——大脑是具有可塑性的，这是由神经科学家发现的。在我们的一生中，大脑不断地长出新细胞，所以我们可以有意识地塑造它的发展，培养自己想要养成的习惯并抑制消极的思维，比如焦虑或抑郁。如果我们的消极思维占据主导，我们就会进一步强化悲观神经网络。同样，积极的想法会强化乐观神经网络。我们永远不可能完全避免陷入消极情绪，但通过"反驳""以肯定词开场"和"练习感恩"等方式，我们确实可以设计自己的思维以更多地寻找积极的事物，当然，这也意味着我们将会发现更多美好的事物。

第五章

与客户建立爱的联结，加深理解与信任

当销售人员与客户及其他人形成情感联结时,彼此间的信任也会不断增加,销售人员对客户的同理心和理解也会越来越深。爱在销售中是一种积极的力量,能让沟通更加顺畅,提升客户满意度,使大家都感到愉悦舒心。

琳赛·拉尼尔从事世界上最令人艳羡的销售工作。作为摩城唱片艺人与制作部的副总裁，她的工作是发掘、签约和培养新艺人。虽然从工作内容上看，琳赛更像是一个买家（哪个艺人不想签约摩城唱片呢？！），但由于竞争激烈，为了留住优秀的人才，她必须向艺人推销，告诉艺人为什么应该与她和她的团队合作，而不是去另一家唱片公司。这并不总是那么容易。"我真的相信自己可以为艺人做些什么，"琳赛对我们说，"但我并不能为每个艺人这么做。"

琳赛向我们讲述自己签约两位艺人时截然不同的经历，当时的她刚出任环球音乐版权管理集团音乐总监。第一位艺人是个年轻的说唱歌手，当时的他创作了一首热门单曲，正在寻找一家新的唱片公司合作。琳赛的老板特别希望签下他，于是派琳赛去完成这项任务。"你必须会会他。"老板告诉琳赛。

签约日当天，琳赛如约出现在了安排的会议室里，等待那位说唱歌手的到来。等了半个多小时，这位歌手的经纪人团队走了进来。其中一位说："他有点不舒服，现在在车里，可能睡着了。""呃……这很奇怪。"琳赛心想。这群人走出了房间，几分钟后，他们又再次进来，向琳赛说道："他马上过来了，但是状态不太好，很快就到了。"最终，这位艺人现身了，握了握琳赛的手，向她点了点头，然后走出了房间。

"他只是想回到车里。"经纪人团队说。

琳赛感到有点困惑："他真的没事吗？你们需要把他带到酒店去休息一下吗？"

"还好还好，"经纪人团队向琳赛保证，"要不我们就在这里继续会议吧。"但对琳赛来说，这位歌手临时爽约，什么解释都没给就拍拍屁股走人了，这着实让她有点儿担忧。

随后，说唱歌手的经纪人团队给琳赛播放了一些他正在创作的新歌，这些新歌听起来与他之前的风格完全不同。虽然水平不低，但琳赛还是喜欢不起来，她已经看够、听够了。"听着，我不知道这孩子是不是超有天赋，也不知道他将来会不会名声大噪。但平心而论，无论将来他在职业生涯中遇到什么困难，我无法说自己无条件地支持他，或者说，我无法完全相信他所做的一切。如果我成为他团队中的一员，这对他来说反而不公平。"琳赛放弃签下这个说唱歌手。

琳赛与第二位艺人签约的经历，和签约那位说唱歌手的完全不同。第二位艺人已经在喜剧和电视剧领域小有所成，但他音乐人的身份却相对不为人知。琳赛和这位艺人的相遇十分特别。他们第一次见面的时候，这位艺人全神贯注地谈起了自己的音乐，并和琳赛分享自己对职业发展的愿景。琳赛喜欢他的音乐，也欣赏他的野心。她想要当场签下这位艺人，这样他们就可以立即开启一段非常特别的音乐事业。

当琳赛告诉老板自己不打算和那位说唱歌手签约时，老板感到有些不悦："他的歌在电台节目里可火了！"

"我签下了另一位艺人，这的确很酷，"琳赛说，"我非常相信他。"

"这是你的决定,但你可能犯了个大错。"老板警告琳赛。

如今,这两位艺人都非常成功,不过两人获得的成就还是有些差距。前面讲到的那位说唱歌手,最终与另一家唱片公司签约,随后推出了几首相对流行的歌曲,他甚至在两届格莱美奖上获得提名,但最终一次都没有获奖。至于琳赛签下的那位艺人,他取得了巨大的商业成就。这位艺人名叫唐纳德·格洛弗,他做歌手的艺名为"幼稚甘比诺",在音乐界广为人知,迄今为止,他12次获得格莱美奖提名,并斩获了5次格莱美奖!(值得一提的是,他还凭借自己创作并主演的电视剧《亚特兰大》摘得了两项金球奖和两项艾美奖。)

琳赛并不认为自己是一名销售人员,尽管她承认,销售就是她所从事工作的核心。她的很大一部分工作内容就是向艺人推销自己和她的唱片公司,然后将艺人推销给全世界。但琳赛补充说:"我并不觉得自己在推销唐纳德,因为我相信他,我真心想要与他合作。在我签下他之前,我就已经爱上了他的音乐、他的愿景和他的想法。一旦我真心爱上,感觉就不像在销售,而是'让我们一起完成这件事吧'。"

在我们的采访中,"爱"这个字不断出现。当然,我们讨论的不是浪漫的爱情,而是一种同样真实的、柏拉图式的情感联结,这种联结源于对另一个人真切的关心和好奇。举个例子,凯利·普度曾是一名长期创业者,现在的他已经转型成了风险投资人,他向有合作意向的创业者"推销"自己的基金——登月资本(Moonshots Capital)。凯利说:"我几乎爱上了自己遇到的每一位创业者。"他说,因为自己也曾是一名创业者,所以才能感同身受。创业者也有相同的感受,这也是登月资本能够吸引到如此多的绝佳投资机会的部分原因,这些投资机会造福了许多合作伙伴,如美国身份认证服务商识我（ID.me）、医疗初创公司橄榄（Olive）和数据隐私服务平台格雷特（Gretel）等。

在另一次采访中，我们和埃米·沃拉什进行了交流，她是美国最受尊敬的销售招聘机构之一大道天才合伙人（Avenue Talent Partners）的创始人兼首席执行官。埃米告诉我们，她创办这家公司是因为她喜欢和销售人员一起工作。她认为深入了解潜在客户，并找到真正让自己爱上他们的特质，是她公司取得巨大成功的重要原因之一。埃米对我们说："一切以人为本，你是真心想要帮助客户解决问题，实现目标。"

看到这里，你可能会心想："他们没有真正爱上他人。这两个作者知道自己说的这些话听起来有多俗气吗？"你甚至可能会觉得我们是两个伪君子，因为我们传递的信息里有很大一部分是关于摆脱虚伪、走向真实的，但现在看来，我们好像正在胡言乱语。好吧，我们明白了。我们担心，写一章关于爱的内容可能会引起一些人的反感。但是，我们确实感受到，无论我们是以销售专家、大学教授，还是以演讲者的身份出现，受访者对我们的爱是相同的。当优秀的销售人员向我们推销时，我们也感受到了彼此之间产生的爱的火花。

所以，我们决定深入研究这种爱的科学依据。我们希望了解自己的感受以及他人向我们描述的感受，是否可以真的被视为爱。如果是，我们想要了解它的本质，这样我们就可以帮助更多人在销售过程中感受到爱。当我们得知，研究已经证明，我们和那些具有反直觉销售思维的人感受到的是真爱时，那一刻我们感到非常兴奋。爱是有一种有据可循的、柏拉图式的情感，可以迅速让人们产生联结。更重要的是，研究已经证明为什么这种爱对成功有如此帮助，以及为什么它对我们的生活有益，且有利于身心健康。

大脑中的爱

芭芭拉·弗雷德里克森是积极心理学领域的权威专家，多年来，她专注于研究爱的本质，以及爱如何使我们更快乐、更健康。芭芭拉在《爱的方法》(*Love 2.0*) 一书中介绍了关于爱的最新科学理论。这本书准确地揭示了我们正在讨论的爱的类型，以及是什么让人们感受到了这种爱的存在。近些年来，生物学家从生理学和神经科学方面，对爱进行了颇多研究。例如，感受到肉体之爱与精神之爱时，身体会释放不同的激素，这就是为什么我们可能会对朋友、家人，有时甚至是陌生人产生深沉的爱，而这种爱和风月无关。但芭芭拉认为，所有爱都基于人与人之间那种温暖与情感联结的微小瞬间的集合。在某些情况下，这些细微的瞬间源于爱情的依恋或是家人的关爱，但通常情况下，这些微小的瞬间在人与人之间创造了一种特殊联结和欣赏之情，这与我们采访过的许多拥有反直觉销售思维的人描述一致，这也与我们自身的经历强烈呼应。

芭芭拉在书中写道："任意两个人或者更多人——即便是陌生人之间，因为某种共同的积极情绪（无论温和或强烈）而产生了情感上的联结，此时，爱就会如鲜花般绽放。"她毫不含糊地表示，爱正是这种情感联结，它甚至会发生在工作场合只有一面之缘的人身上。"我真的需要把这种瞬间产生的和工作伙伴的情感联结称为'爱'吗？"芭芭拉写道，"当我和一个从未接触过的陌生人互相微笑时，我感受到的是那种'爱'吗？"是的！我觉得那一定是。

埃米莉是我们的图书编辑。有一天，我们在电话会议中把我们关于爱的发现告诉她，埃米莉说："噢！我遇到过一个有线电视公司的小伙子，确实有这样的感受！"随后，她告诉我们这个故事。故事的关键点在于为什么与客户、同事和观众建立爱的联结不仅对销售有好处，也能帮助我们过上丰富多彩的生活。

根据安排，埃米莉的侄女要在一个大型的全国新闻节目直播现场中出现，这是她的首秀。但在直播开始前20分钟，当埃米莉兴奋地打开电视想看看她的侄女时，她发现有线电视服务出了故障。她疯狂地拨打有线电视公司的服务热线，一件不可思议的事情发生了，接听埃米莉电话的人成功地让她成为有线电视技术支持服务的粉丝！

几乎每个人都有过这样的经历，技术人员试遍了一切方式，然后对你说，必须重启系统试试，电话那头的你一定感到非常气愤。我们好不容易等了那么长时间，对面不是尴尬的沉默，就是技术人员让我们"稍等片刻"的安慰，看不到有线电视的我们只好收听电台音乐，直至技术人员重新连上系统。但埃米莉遇到的这位技术人员却不一样，他带着埃米莉认为的真正的好奇心问埃米莉："除了有线电视崩溃之外，今天你过得怎么样呢？"埃米莉笑着回答："你一定来自比纽约（埃米莉居住的地方）友善的地方吧。"结果，埃米莉发现其实他们两个住在相邻的社区。这位技术人员听到埃米莉家的猫叫声，问她养了几只猫，然后告诉埃米莉他也养猫。埃米莉说，猫咪喜欢和她一起看电视。技术人员则分享说，前阵子他的猫不知怎么把电视推到了地板上，所以他不得不买了一台新的。他们笑着分享了更多和猫有关的"不幸经历"，这段时间，有线电视服务器仍在重新启动。

距离埃米莉侄女出场仅剩几分钟了，埃米莉对那位技术人员说，自己一直希望能在大型新闻节目中看到自己的侄女。技术人员问道："是哪一个节目呢？"然后，这位技术人员打开了自己的电视——恰巧那天他居家办公——把电视调到了对应的频道并调大了音量，这样埃米莉就能通过他的电话听筒听见自己侄女的声音。埃米莉完全没有错过她侄女的首秀，这位技术人员甚至描述了，在电视镜头前，她的侄女是多么镇定自若、专业自信。就在侄女的采访即将结束的时候，埃米莉的有线电视服务恢复了。

埃米莉告诉我们，几个月来，她一直在向朋友讲述这个故事。每每说起，埃米莉都情不自禁。当她热情洋溢地向我们讲述这个故事的时候，我们仿佛可以感受到她重温那次短暂互动的纯粹快乐。埃米莉说，自己唯一的遗憾是不知道那位技术人员的名字，否则她就可以写信给他的公司，告诉公司这位员工有多棒。试想一下，如果这样的互动能激发这么多快乐，那么商业互动和销售互动应该可以带来更多的获得感和满足感！

为什么我们能在短时间内与某人产生强烈的情感联结呢？因为我们的身心已经通过多种方式促进和强化了这些联结，这些联结对我们非常有益。事实上，芭芭拉·弗雷德里克森写道，这样的时刻是有助于人类繁衍生息、健康幸福的最重要的情感体验。神经科学研究表明，当我们与一个自己感兴趣的人互相了解时，我们的大脑会释放"快乐化学物质"——多巴胺、血清素和催产素。正如心理学家马克·舍恩在《你的生存本能正在杀死你》（*Your Survival Instinct Is Killing You*）一书中描述的那样，催产素"有时候与温暖和爱有着密切的联系……能让人们互相关心，促进和谐，增强人们展开合作以及乐于助人的意识"。催产素在这些方面的作用尤其突出。

谈到这种情感联结在销售过程中的作用时，我们发现，真心爱上他人非常重要。在互动中，当我们因化学物质涌入大脑而感到非常兴奋时，我们会引发对方释放相同的化学物质。研究表明，我们的大脑实际上在彼此同步。这种"神经耦合"被描述为一种"大脑间的舞蹈"，大脑活动的同步也会促进彼此之间行为的同步。这就是为什么在真正情投意合的对话中，与我们交谈的人露出笑容时，我们也会跟着笑；他们的身体向我们靠近时，我们也会靠过去。这不是一个虚伪的套路，而是下意识的、真诚的。

神经科学家乌里·哈森率先发现了这种"大脑同步"。在实验中，乌里要求被试者听一段录音，这段录音来自一名女士，她讲述了一个自己亲身经历的故事，故事十分引人入胜。这名女士讲述故事时，人们用仪器持续监测她的大脑活动。同时，乌里也监测着被试者听录音时的大脑活动。通常在不到一秒钟的时间内，那些听故事的人的大脑会立刻开始"模仿"故事讲述者的脑部活动。这种"大脑间的舞蹈"不仅会释放大量催产素，释放出的其他化学物质还会让我们能够更加专注于正在与之交谈的人，更好地与他们进行眼神交流，更仔细地聆听他们说话，更好地理解他们的情绪。芭芭拉写道："你的意识从习惯性地关注'我'扩展到关注'我们'。"催产素还使人与人之间建立了信任。研究表明，催产素使人们告诉对方自己私人信息的意愿提高了44%。我们对彼此卸下防备，敞开心扉。

与刚认识的人建立情感联结时的那种美妙感觉，我们一定都曾体验过。也许是我们与飞机邻座攀谈时，或是在候诊室等待和在杂货店排队闲聊时。当我们与一个自己觉得迷人、令人钦佩或受其鼓舞的人交谈时，我们会陷入一种近乎出神的状态。如果我们继续与他人保持这种细微瞬间的联结，无论其是客户、同事还是萍水相逢的人，我们与之形成的情感联结都会不断加深，彼此之间的信任也会不断增加，我们对他们的兴趣也会越来越大，对他们的同理心和理解也会越来越深。

显而易见，爱在销售中是一种积极的力量，它不仅能使销售沟通更加顺畅，提升客户满意度，还能让我们都感到愉悦舒心。那么，我们如何才能更好地培养这种爱的情感联结呢？

在此，我们澄清一下：我们并不建议大家用搭讪技巧来吸引潜在客户（尽管可能已经有人写过这类书了）。这些技巧和真实性是对立的，甚至在伦理上是不道德的，或许更糟。这种情感联结必须是真实的。芭芭拉也谈到了这一点，她说，我们与某人交谈时，如果对方察觉到我们正在假装与他们步调一致，那么他们的积极性就会立刻消失，他们的幸福激素水平会直线下降，信任感就会变成背叛感。

所以，我们的目标不是去学习如何通过模仿建立情感联结，而是找到能够真正感受情感联结的方法，培养自己了解客户和为他们提供服务的意愿。我们听过许多拥有反直觉销售思维的人说，在销售中，他们最喜欢的一件事就是能够认识自己原本不会遇到的人，那些人的风趣幽默和友善体贴不断给他们带来惊喜。这就是科林在他第一份工作中改变了自己对销售的整体观念的原因。在百特姆成立初期，加勒特也感受到了这一点。那时公司只有5个人，加勒特是唯一负责销售业务的员工。公司产品还处于起步阶段，要抓住机会向潜在客户提供尚未成熟的销售解决方案并不是件容易的事情。然后，加勒特遇见了布雷特，一家成长型初创公司的运营主管，尽管他们最初的谈话是关于业务的，但很快就变成了朋友之间的交谈。最终，布雷特工作的公司成了百特姆公司的第一个付费客户，但加勒特和布雷特的友谊并没有随着合同的签署而结束。当然，如果不是因为他们之间建立的情感联结，这笔交易可能永远都不会达成。但这段友谊也足够深厚，他们至今仍然是很好的朋友——甚至在他们各自的孩子年幼时，还请过同一个保姆！

建立情感联结是从敞开心扉和拥抱无限机遇开始的。我们发现，在与人互动时，几乎不可能找不到一点儿对方吸引自己的地方。但你会在下面看到，有时候你必须去寻找方法来"爱"上对方。我们已经找到了很多好方法，可以最大限度地挖掘情感联结的潜力。

爱的3×3

对我们来说，有一项练习特别有效，它向我们的客户和学生展示了如何让自己进入正确的思维模式，以发自内心地"爱"上潜在客户。许多传统的销售培训师会带大家开展一项被称为"3×3"的研究练习。在这项练习中，每次给潜在客户打电话前，销售人员需要花3分钟收集有关潜在客户的3件事情。根据培训练习中的指导，关键在于，销售人员要找到他们可以在对话中利用的3件事情，来与潜在客户建立融洽关系，给他们留下一个好印象——销售人员已经对客户公司进行了深入研究，并制定了个性化的方案，然后将这种好印象转化为说服力。例如，如果潜在客户写了一篇博客，销售人员发现自己可以参考和引用这篇文章；或者说，客户公司的一篇新闻报道描述了一个问题，销售人员发现自己所销售的产品可以帮助他们解决该问题。表面上看，这种方法没有任何问题。在拓展客户和推介产品前进行充分调研、提前做好功课当然没有错。问题在于，将关注点放在寻找"优势"来说服客户购买，减少了培养对其深层兴趣的可能性。为了发自内心地"爱"上他人，重要的是关注互动的质量，而不是互动的结果。试想一下，作为销售人员，和自己真正想要了解的人交谈，与和"20人名单上的第4个，有70%购买可能性的客户"对话，你会不会有不同的行为和感受呢？

为了将重点从说服客户购买转移到建立情感联结上，我们重新构思了3×3练习，并将其命名为本节标题的"爱的3×3"（请不要对这个名称翻白眼，它是真的很有效！）。与其在与潜在客户的对话中寻找信息来促使他们购买，还不如去寻找让你真正"爱"上潜在客户的3件事情。不要去琢磨客户是否有兴趣和你做生意，你唯一的目标就是去发现、寻找和捕捉感觉，仅此而已。把时间花在寻找"爱"上一个人的理由上，是一种非常棒的方式。

只需要稍加练习，寻找理由就会变得容易起来。当我们与团队成员一起做这个练习时，只要给他们时间思考研究，团队成员总是很快地向我们报告自己的发现："我在脸书上看到他们是儿童领养的倡导者！我非常赞成他们的行为！"或者是："我喜欢她的职业发展轨迹——太出乎意料了！"打动我们的地方不必上升到社会贡献和职业成就这般高度。毕竟，我们会在日常生活中因为各种各样的小事与人建立情感联结。一位客户是洛杉矶湖人队的忠实粉丝，他告诉我们："我喜欢这个家伙在领英个人资料上的照片，他穿着科比的球衣！"迈克尔是我们的前同事，他告诉我们，他对每一个和自己同名的人都有一种奇特的感情。他开始有意寻找名叫迈克尔的人，并向他们推销（嗨，迈克尔，我是迈克尔！），最有趣的是，迈克尔甚至会"爱"上另一个迈克尔。幸运的是，他们的名字很常见！在我们为期3个月的合作过程中，他激活沉睡客户的次数，比团队中的任何一员都多。

你是否怀疑，人们真的会对类似同名同姓这样无聊的小事做出如此积极的反应吗？实际上，社会心理学研究表明，即使是生活中最微小的共同经历也会产生巨大的影响，会让人们的自我感觉变好。在一项针对数学成绩不好的大学生的研究中，研究员告诉这些学生，他们的生日与数学专业的大牛一样，这些学生在后续的报告中称感觉自己的数学能力提升了，并将在下一次数学测验中更加努力。当两个人喜欢同一支球队，拥有相同的爱好，欣赏相同的音乐或分享有意义的生活经历时，他们会从这些简单的情感联结中体验到积极的情绪。在他人身上寻找自己的影子，是真心爱上他人的一种特定方式。

其实，我们不是让你去寻找与自己同名同姓或是同星座的人。我们想要告诉你的是，我们亲眼看见，某些人确实因为这些相似之处而体验到了情感联结。我们的目的是发现，究竟是什么能驱使你对与你互动的人产生真挚情感。

我们发现，爱的3×3练习十分有效，甚至对反对它的人都产生了效果。我们曾与一位经验丰富的客户主管合作，他叫吉姆。吉姆无法（或者不愿）理解爱上他人的价值。吉姆觉得，对他而言，这个概念有点轻浮。在我们向他和其他销售人员介绍了这个练习之后，吉姆当场宣布，他确信这个练习没有效果。因为他是销售部门的资深领导者，我们明白，现在就是一个绝佳的教学机会。

吉姆确信，分配给他的潜在客户一定没有兴趣和他产生情感联结，这个结论主要基于他获得的数据，包括客户分布的区域、公司的业务规模以及其他需要注意的内容，种种迹象表明这个潜在客户的资质仅仅勉强达到合格的水平。根据我们的要求，吉姆需要做更多研究，值得赞扬的是，与以往不同，这一次他做到了（尽管他这么努力可能只是为了证明我们是错误的）。吉姆调查了潜在客户在哪里长大，有多少孩子，加入了哪些球队，参加了哪些社团组织以及在社交媒体上展示的兴趣爱好。吉姆发现，原来自己和潜在客户是同一年从大学毕业的。更有意思的是，潜在客户毕业于明尼苏达大学，吉姆的偶像鲍勃·迪伦在辍学追求自己的音乐事业前也曾在这所学校就读过。吉姆可是鲍勃·迪伦的忠实粉丝。就这样，他不仅"爱"上了这个潜在客户，还希望潜在客户能成为他心目中的样子。吉姆希望潜在客户和自己一样喜欢鲍勃·迪伦，甚至希望客户听过一些迪伦在大学里的故事。

当吉姆拨通销售电话时，对面的潜在客户并没有让他失望。简单地自我介绍之后，吉姆脱口而出："我注意到你毕业于明尼苏达大学。你真是太厉害了，连鲍勃·迪伦都没能从这里毕业！"没过多久，他们就开始聊起自己喜欢鲍勃·迪伦的哪些歌曲，潜在客户也向吉姆分享了迪伦的校园传奇故事。吉姆最终成功将产品推销给了迪伦校友，之后提到这个客户，吉姆就会这样称呼他。尽管吉姆很快强调，他之所以能够顺利地完成这笔交易，是因为自己所销售的产品非常出色。但我们提醒他，对于同样的产品，他之前可不是这么评论的。在平常的销售日，吉姆甚至不会打电话给这个潜在客户，即使他打了，他也不会像那天一样热情，而且他绝对没有机会听到迪伦的校园故事。

我们看到了爱的3×3练习带来的惊人成效，以至于现在每个学期的第一堂课，我们都会让学生进行这项练习。我们告诉他们："你将随机与一位同学进行配对，你的任务是在练习结束前'爱上对方'。"起初，他们觉得我俩疯了。他们恐怕在想：我以为这是一门关于销售的课程，现在我必须坐在这里，和一个陌生人"相爱"？我要把这门课退了！然而，这项练习总能取得巨大成功，获得良好反响。

我们给学生的唯一建议是，为了真心爱上他人（当然是柏拉图式的），他们需要专注于自己需要回答的问题。他们总是以标准的开场白开始："你来自哪里？你为什么决定来上这门课？"但很快他们就会提出更深入的问题，以得到更加个性化、更有趣的答案。"你从另一个国家来到这里学习，对你来说最大的挑战是什么？你的父母对你转专业有什么看法呢？"

当学生充分交流讨论后，我们会将大家聚集在一起，让大家分享他们是如何以及为何"爱"上了对方。当我们听到性格外向、人缘极佳的体育生描述她"爱"上那个害羞内敛的艺术史专业学生的理由时，总是感觉很神奇。而且，每个人都能毫不费力地找到至少3个"爱"上他人的理由。

学生通常能够准确地指出，他们的交流究竟是从哪一刻开始从尴尬的课堂作业变成了真诚的询问和真切的联结。这几乎总是发生在他们从对面的人身上看到了自己的时刻。"我爱上他的那个瞬间，是因为看到他收集球星卡片，我也有非常多的收藏……""我爱上她的那个时刻，是因为看到她坦诚地说出自己刚进入大学时面临的许多困惑，我也经历过同样艰难的身份转变时期……""我爱上他的那一秒钟，是因为他说自己从金融专业转到了新闻专业，我们探讨了关于转专业的艰难决定，我在大二的时候也曾转过专业。"学生的行为清晰地展现了这种情感联结如何让对话变得更有意义、更亲切、更有价值。

你可以在所有销售场合进行这项练习。假设你正在向首席营销官"推销"一项活动，为什么你会因与他们待在同一个房间而感到兴奋，无论他们是否批准你的请求？深入了解一些成员的情况，并在登台演讲前牢记你发现的他们喜欢的东西。这样你面对的就不再是一群不知道名字的、从未见过面的观众，而是一群你期待与之见面的人，他们有那么多吸引你的地方。

当你感觉自己有像中学时代暗恋某人时那种怦然心动的感觉，你就会知道，自己已经离成功不远了。你迫不及待地想去学校见到心仪的人。在他们面前，你说得少、听得多；你会因为他们讲的笑话而发笑，因为你真的觉得他们很有趣；你真心诚意地关心对方，你觉得对方十全十美。找到让你怦然心动的那个人，体验与对方交谈的兴奋感，不必装模作样，你将以耳目一新的状态出现。

拉里·金效应

永远不要低估人们有多喜欢被人询问个人情况，或者说他们对回答更多个人问题的接受程度。当然，在现实生活和销售场合中，我们通常不能深挖别人的隐私。你一定不想给人留下审讯逼问的印象，或者更糟的是，给人留下一种没有边界感、多管闲事的怪人印象。那么，你知道在销售对话中，应该如何判断何时询问个人问题以及提出何种类型的问题吗？就让拉里·金成为你的向导吧。

拉里·金是有史以来最成功的广播电视记者之一。我们曾听过一位公关与拉里·金合作的故事，这个故事发生在一次宣传新书的电视节目录制前。当时，这位公关刚与拉里碰面，他们俩被带到休息室里，等候节目的开始。他们刚坐下，拉里就问这位公关："你在哪里长大？你喜欢自己长大的地方吗？你讨厌冬天的寒冷吗？你现在还是狂热的滑雪爱好者吗？"这位公关瞬间想道："等等，拉里才是这里的名人吧，他为什么关心我呢？"她与其他共事过的名人也有过一些美好的亲密时刻，但这次经历让她印象尤其深刻的是，她很快就对初次见面的拉里·金放下了戒备，由衷地感到轻松愉快。

很快，这位公关也开始询问拉里·金关于他的生活。例如，他为什么能够如此直率、好奇、真诚地采访他人？他在与有影响力的公众人物交谈时会不会感到紧张？当拉里·金热情回应时，她突然感到一阵眩晕："我的天哪，我刚才像拉里·金那样和拉里·金聊天！"让她印象深刻的是，她感觉自己已经与拉里·金相识多年，他就像自己的老朋友一样。

为什么拉里·金能够给人以如此平易近人的感觉呢？原因在于，他的提问总是从简单的问题开始。谈到自己的采访风格，拉里这样说道："简单的问题就是最好的。"对他而言，关键在于他对人们的好奇心，无论对方从事什么工作或是来自什么地方。拉里回忆道："当我还是个孩子的时候，我会问公交车司机，为什么他想驾驶公交车。"他不是居高临下地提问，也不是为了炫耀自己有多聪明、学识多么渊博。拉里只是纯粹出于好奇。拉里说，他的行事准则源自那句格言："大发议论，什么也学不会。"拉里行事的基本原则是："提出好问题，仔细倾听，然后深入研究。"这样的做法让拉里愉快地完成了超过6万次的采访。

当你真正对别人产生好奇心，并向对方提出许多你真正想知道答案的问题来全面了解他们时，你对他们的兴趣就会快速增长，随后的提问也会更加深入。当人们感受到真正的好奇心时，他们通常会敞开心扉给出答案，这些答案自然而然地会引出更多问题，从而让提问者和回答者建立起更深层次的情感联结。

销售场景各不相同，面对的客户也各有特色，所以，没有哪条硬性规定可以明确提出更深入问题的正确时机，或者是否问了一个看起来过于私人的问题。这类似于我们第一章所说的原则：如果你觉得自己听起来很俗气，那你很可能确实俗气。所以，请遵循这个原则：如果你认为问这个问题还为时过早，那么这个问题目前就是不合时宜的。同时，不要忘记你可以随时展现自己的思考过程。"无意冒犯，但我真的很想问问你这个问题，我有点担心它不合时宜。"暂停片刻，看看对方是否鼓励你继续问下去，密切注意他们是否愿意让你知道更多，也许他们会感到冒犯而回避这个问题。如果你的提问是出于真正的好奇心，对方一定能感受到，你也一定会惊讶地发现他们是多么坦诚，因为他们知道你真心想要了解他们和他们的答案。

当你真心关心理解某个人的时候，他们给你的浅层问题答案和给其他人的不一样。这些答案会引发你探寻后续问题的兴趣，这些后续问题通常也会更加深入。这通常听起来像："什么？等一下，我需要了解更多。你当时紧张吗？"记住，这种追问不是一种策略，而是意味着你把别人不关心的事情放在了心上，这是从真正爱上他人开始的。

爱是相互的

拥有反直觉销售思维的销售人员，获得深入提问许可的另一种方式是，先和对方分享自己的信息。人类行为中的一个坚定准则便是互惠主义。对我们大多数人来说，大部分时间，如果有人为我们做了某事，我们倾向于回报他们的好意。对话原则也是如此——如果有人透露了一些关于自己的信息，我们也会很快透露一些同样深度的信息。试想一下，有一次客户或同事告诉你一些自己的尴尬糗事〔比如科林的耳机没有插好，整个房间都听到了麦莉·赛勒斯在歌曲《美国派对》(Party in the USA)里的尖叫声〕，你可能很快就会分享自己类似的尴尬经历〔比如加勒特终于承认他最喜欢的流行歌曲是卡莉·蕾·吉普森的《有空打给我》(Call Me, Maybe)，并试图寻找科学依据来证明他的观点〕。也许他们分享了自己在个人生活中面临的挑战的细节，你也会分享一些发生在自己身上的类似事情"作为回报"。这不是一种操纵手段，而是一种真诚地展示脆弱的方式，源自想要了解另一个人的愿望。

当科林和当时还是未婚妻的玛戈筹备婚礼时，玛戈会见缝插针地在科林的会议间隙安排一些时间，讨论他们的婚礼细节。正因如此，科林偶尔会比约好的通话时间晚几分钟联系客户。"我很抱歉，"科林不得不道歉，"我通常很准时，但我正在筹备婚礼，我的未婚妻刚才打给我询问一些婚礼事宜，所以我晚了一些。"对此，人们通常有两种反应：一种是"别担心，我结婚很久了，俗话说得好，'老婆开心，生活舒心'"，或者是"没问题，我理解，等你下次结婚时一定会游刃有余"。无论客户持有哪种观点都无所谓，后来科林意识到，就在当时，他和客户真正建立了情感联结。在正式的商务对话开始之前，客户都乐意谈论自己的婚姻，科林和客户已经在更深层次建立了联结，科林的坦率换来了客户的真诚。

我们认为在销售过程中，自我披露之所以能够建立如此强烈的情感联结，原因在于它打破了"销售人员超级自信"这一刻板印象。简而言之，我们是普通人而不是神枪手。这也是展现思考过程非常重要的另一个原因；我们敞开心扉谈论自己曾经面对的困惑和挑战，我们展示脆弱，这也鼓励他人对我们袒露心声。

XX 艺术家（XX Artists）是一家位于洛杉矶的快速成长的数字营销机构，客户包括美国视频网站油管（YouTube）、美国股票交易平台罗宾汉（Robinhood）等企业，以及奥斯卡金像奖得主布丽·拉尔森和詹妮弗·哈德森等明星。第一次与 XX 艺术家团队见面时，我们刚刚开始受邀参加演讲活动和研讨会议。一位朋友向我们介绍了这家机构的联系人，让我们看看他们是否能够帮助和指导我们成为"网红"，在互联网获得一些曝光度。我们安排了一次和该团队的通话，真诚地告诉电话另一端的 3 位团队成员，我们一直避免将社交媒体作为展示自我的平台，因为我们害怕知道别人如何看待自己。我们告诉他们，不想为了获得网络上的影响力而被迫伪装自己，我们也担心会失去控制并且表现得与真实的自己不同，因为我们的使命远大于其他很多人在意的点赞量或粉丝数量。我们对他们与客户合作的方式知之甚少，担心他们可能会认为我们很傻很天真或是太自以为是。但是，我们真心希望与任何一个能够指导我们打造互联网形象的人建立起真正的情感联结。XX 艺术家团队询问了我们很多很棒的问题，并向我们保证，害怕建立社交媒体形象是很正常的。会议结束的时候，我们感觉自己的心声被听到了。

在我们结束交流的一周后，XX 艺术家给我们发了一个方案。两周后，他们的团队成员又给我们打了电话，接到电话的那一刻，我们以为他们只是在跟进客户，看看我们是否会接受这份方案，但实际上并非如此。出乎意料的是，他们想要聘请我们作为他们领导力峰会的主讲嘉宾！后来我们了解到，之所以邀请我们，是因为他们在我们展示脆弱后与我们建立了情感联结。他们需要相信，无论邀请谁来与团队交流和主持研讨会，主讲嘉宾都必须能够让在座的各位员工放心地在交流时展示脆弱，这样团队成员之间就能建立起更深层次的情感联结。

在潜在客户或任何销售对象面前吐露心声时，请注意展现自己的脆弱和成为别人的负担有很大的区别。交流必须是一方愿意倾诉，而另一方愿意接受，如果对话缺少互动，就需要尝试换一种方式交流，关键在于要以"共创对话，深入交流"作为目标。

共创对话

心理学家朱迪斯·格拉泽在《今日心理学》（*Psychology Today*）杂志上发表了一篇文章——《对话的神经科学》（*The Neuroscience of Conversations*），朱迪斯将对话分为三类，并指出不同类型的对话是如何影响我们的大脑。第一种是事务型对话，对话围绕信息交换展开，典型的例子是销售人员通过提问了解买家的预算、需求、时间等，同时买家向销售人员询问价格、产品细节和购买过程。或者说，在一场面试中，作为面试者的你努力向面试官"推销"自己，事务型对话会引导你展示自己能够为公司带来的价值，同时你也可以询问面试官关于升职加薪、股票期权、福利津贴方面的问题。

第二种是立场型对话，在这类对话中，我们有很大的发言权和强有力的观点，并努力影响他人。在销售情境下，这意味着销售人员转换成"说服"模式，在这种模式下，销售人员会围绕自己的产品或服务开展论证，想尽一切理由说服顾客购买。举一个非传统的销售案例，立场型对话可能是试图说服朋友在政治问题上同意你的观点，或是说服你的伴侣晚餐选择泰国菜而不是意大利菜。

第三种是共创型对话，它的特点在于彼此探索，深入倾听，自由地交流和分享见解。作者朱迪斯生动地将第三种对话形式描述为各方共同创造的过程。

加勒特仍然记得他第一次在销售中展开的共创型对话。当时的加勒特正在一家推销网络游戏代理的初创公司快点游戏（Fastpoint Games）工作，那是他的第一份工作。在那里，他向数字营销机构特纳数码（Turner Digital）、美国职业足球大联盟（Major League Soccer）、美国职业篮球联赛官方网站（NBA.com）等销售经典又精美的体育游戏。几个月来，加勒特一直与体育新闻（The Sporting News）进行艰苦的谈判，体育新闻希望能将旗下最受欢迎的几款游戏的制作权和管理权外包出去。如果加勒特能够签下这份协议，将会极大地推动快点游戏公司的业务发展。

最初，他们的所有对话都是事务型或立场型的，加勒特先询问体育新闻想要什么，然后再告诉体育新闻他们公司能够提供什么帮助，并解释为什么他们公司是体育新闻的最佳选择。加勒特认为自己做了一个优秀的销售人员应该做的一切，然而，他还是无法获得体育新闻的购买承诺。

有一天，体育新闻的决策者杰夫宣布他将出访洛杉矶，并打算抽出时间亲自拜访快点游戏。加勒特非常激动，不仅因为杰夫能最终拍板是否和快点游戏签下协议，还因为加勒特十分钦佩杰夫，特别是当他了解到，杰夫如何在竞争激烈的数字媒体行业中一步步脱颖而出。虽然当时的加勒特可能不会这么说，但事实上他已经"爱"上了杰夫，或者更确切地说，他

"爱"上了想象中的杰夫，因为加勒特与杰夫从未谋面。他们两个即将进行的面对面交流，将对加勒特的销售方法产生巨大的影响。

当杰夫到达快点游戏时，加勒特迫不及待地与他交谈。他向杰夫提出了之前在销售过程中没有考虑到的问题，还询问他对于这个项目的目标和个人的职业目标，以及关于公司发展历史和游戏对于体育新闻订阅者重要性的一些问题。更重要的是，加勒特和杰夫讨论了合作。他们不仅讨论了优势劣势、产品细节和技术规格，还讨论了合作前景，他们谈论了如何共同发展品牌，如何共同解决目前存在的问题。有时，他们会互相质问对方，找出潜在的阻碍因素，但随后便找出了解决问题的方法。对加勒特而言，这根本不像是一场销售对话，而是一场共创型对话，对话令人振奋，富有战略意义，让人收获颇丰，而且非常有趣。两周后，加勒特得知体育新闻将继续推进与快点游戏的合作，这是当时该行业规模最大的交易之一。

先推销自己

在结束这一章之前，我们在与拥有反直觉销售思维的销售人员的交流中注意到了另一个趋势：他们不仅会"爱"上自己的潜在客户，还会"爱"上其他事物。我们经常被问道："你是否必须相信自己所推销的东西，才能成为一名优秀的销售人员？"毫无疑问，答案是肯定的。不幸的是，很多人正在把自己不信任的产品，推销给并不真正需要它们的客户。他们通常是那些延续了典型销售人员刻板印象的人，按照销售话术来说服客户（同时也说服自己），购买他们的产品是个好主意。他们也许认为产品还不错，但内心深处并不认同（或者有些时候并不像表现出来的那么认同），如果客户知其所想，很大可能不会购买。也许客户实际上根本不需要这个产品，或是产品质量没有那么好，或是别家的产品是更好的选择，或是相比客户投入的金钱，他们根本不会从产品中获得相应的价值。即使是那些诚实正直的人，当他们不相信自己所销售的东西并试图伪装出喜爱之情时，也会给我们留下不好的印象。

另一方面，拥有反直觉销售思维的人会全心全意地相信他们所销售的全部创意、产品或服务。如果不能从自己所销售的产品中真正体验到客户将因其获益的兴奋感，那么销售人员就不可能真正成为擅长销售的人并爱上销售。我们并不是说，作为销售人员的你必须对自己所销售的产品充满热情，甚至成为自家产品的忠实客户。有很多销售人员向个人和企业销售他们自己永远不会使用和购买的产品或服务。我们甚至与一个销售废弃物处理服务的团队进行了交谈（我们谈的是大型垃圾清理！），他们团队中最优秀的销售人员非常热爱和擅长她的工作。我们要说的是，你需要认同你所销售的产品是适合潜在客户的，并且爱上与客户分享的机会。

如果我们想要变得擅于销售，"真心爱上他人"这个准则对我们来说很重要，哪怕在非传统销售的情况下也是如此。我们在第一章中遇到的出庭律师罗伯特·西蒙告诉我们，对他而言，在代表客户出庭之前，"爱"上客户非常重要（是的，罗伯特在这里用了"爱"这个字）。罗伯特给我们讲了一个客户在车祸中受伤的案例，不幸的是，尽管客户的案件证据充分，但罗伯特和他相处得不太好。客户委托罗伯特代表自己处理这个必然会开庭的案件。作为律师，向陪审团"推销"是一项非常困难的任务。想象一下，如果你在销售时不仅需要直面竞争对手（另一方的辩护律师），而且这个竞争对手还会试图当场对你的销售进行挑刺，还有客户（陪审团成员）正坐在一旁看着！流露出任何对你所售产品质疑或缺乏信心的迹象，都有可能会对结果造成很大影响。

罗伯特意识到了这一点，因为他并没有真正地和客户及其故事产生情感联结，所以考虑放弃跟进这个案件，并打算将这个案子转给另一位律师。但在那之前，罗伯特决定深入了解客户和这次受伤对他生活造成的影响，于是他前往客户家中。在那里，他们出人意料地展开了一次深入而坦诚的共创型对话。罗伯特了解到，客户和他的妻子备孕多年才终于有了一个女儿。巧合的是，罗伯特和他的妻子也在经历相同的困境。他们谈到了这一经历带来的感情压力，客户给了罗伯特只有曾经处于同样境地的人才能给予的建议和支持。罗伯特告诉我们："当我第一次见到这位客户时，发现他不是那种令人倾心的人。但是当我听到他的故事后，我真正明白他经历了什么，因为我也有相同的经历，我愿意为他而战。"那次谈话培养出的"爱"，让罗伯特接下了这个案子，并最终成功地为客户及其家人赢得了胜利。

罗伯特并非唯一一个坚持要对"所售产品"树立信心的人。我们采访过的一位销售人员告诉我们："我曾经从事的每份工作都是我做过最好的工作。"这位销售人员的意思是，每次他为一家公司工作时，他都会有意识地去"爱"上他所销售的产品、他所在的公司和企业文化，最重要的是，能够与其合作的客户。想象一下，与这样的人进行对话，和与那些只是机械地把自己并不相信的东西推销给并不真正在乎的人对话，这两者之间的区别是巨大的。

先进防御系统（Advanced Defense Systems）是一家向美国军方出售装备的公司，我们曾在先进防御系统公司的销售启动会议上做过一场演讲。该公司的销售团队约有 200 人，其中不少是转行从事销售的退伍军人。在活动开始之前，我们就是否要和坚毅的退伍军人谈论"爱上他人"的话题，开展了一番严肃的讨论。他们会把我们拒之门外吗？或者更糟糕的是，他们会不会嘲笑我们，让我们尴尬离场呢？最后，我们决定全力以赴，将我们关于爱和销售的经验传授给他们。如果我们能让这群人"真心爱上他人"的话，那就意味着我们找对了方向。

活动结束后，我们与该公司的首席执行官贾森·华莱士进行了交流。他坦言："当你们开始谈论'爱'时，我很紧张，我以为这个房间里的人会把你们吃了。但几分钟后，我意识到，这正是我的团队成员需要听到的。每个人都可以体会到与他人互动的美妙感觉，看着他们发现自己能够有意识地创造这种互动，真的太棒了。"

从销售电话中建立的最简单的关于爱的情感联结，到展开最深刻的共创型对话，我们通过销售建立的所有情感联结都成了我们生活中的宝藏。对潜在客户、工作伙伴和生活中遇到的人们，我们越是积极地培养对他们的真挚爱意，我们就会变得越快乐、越有活力，并渴望下一次对话，而不是为拨打销售电话和进行产品演示感到焦虑，或是为争取下一个客户担心。我们发现，在每一次销售过程中乃至余生中，我们都会更加活在当下，更加注重建立情感联结的机会，这必然会让我们在每一天创造更多联结。当然，所有这些都会带来更加丰富和更有品质的生活体验。

第六章

运用合作思维,将潜在客户视作队友

拥有反直觉销售思维的销售人员以合作思维开展对话，他们把客户当作队友，朝着共同的目标一起努力。他们支持潜在客户，同时也让客户成为自己的支持者，并最终为自己和客户负责。对于成功快乐的销售人员来说，合作思维模式已经融入他们的工作习惯，他们对待客户真诚热情，面对挑战时勇往直前、无所畏惧。

新冠病毒刚开始流行时，为了抑制病毒的传播，全世界的人都被要求待在家里。应客户要求，我们观看了一位销售人员与其潜在客户的通话视频。客户希望我们能够帮助公司员工应对因病毒导致的日常生活变化所带来的压力。在视频中，通话刚开始时销售人员进行了一番自我介绍，然后对潜在客户说了一些出乎我们意料的话。这位销售人员说："我真不知该如何进行这次对话，或者说，我们是否应该进行这样的对话。我知道我们都有工作要做，但老实说，这种情况太夸张了，甚至有点恐怖！我只是想说，这是我第一次经历大规模的流行病，我觉得有必要承认，这个时候还要谈业务，实在是感觉有点怪异。"

仿佛觉得销售人员真诚的开场白还不够耳目一新似的，潜在客户的反应更是出人意料。她带着温暖真切又宽慰人心的笑意说："说实话，我们都在经历这一切，我能理解你的感受。在疫情来临的几个月前我才开始这份工作，我甚至还没见过大多数同事呢！"随后，她说出了作为潜在客户最美妙的一句话："我们共同面对，定能解决。"

类似这样，典型的由销售人员控制谈话走向，只关注成交结果的印象就被颠覆了。不同于一般情况下销售人员对待客户的思维方式，随后的对话建立在双方的深厚情谊和相互理解的基础上。从那时起，他们就像好友一样谈论自己在隔离期间的经历。在通话进行到第 12 分钟时，这位潜在客户愉快地主动提出："好了，要不我们言归正传回到工作话题吧，这样我们就能保住自己正在吐槽的工作了。"销售人员和潜在客户都笑了起来，然后继续就工作话题进行了一次非常愉快的交流，尽管他们相距甚远，甚至不在同一座城市，更别说同一个房间了。

当我们将这次交流与其他我们见过的销售人员和潜在客户团结一致的案例进行比较时，我们突然意识到，拥有反直觉销售思维的销售人员取得成功、获得幸福的另一个关键在于，他们把自己和潜在客户视作一个团队的成员。

个人主义和集体主义

将潜在客户视作自己的队友，这听上去非常简单，但实际上并不总是那么容易做到，也不是天生就会的。当潜在客户知道自己正在和一位销售人员交谈时，心中的不信任感往往会油然而生，而当销售人员试图改变客户的想法时，往往会遭到客户的抵制。除此之外，无论是销售培训、业务管理团队的动态，还是以往的销售经验、有关销售文化的描述，都一致向人们灌输了"销售即竞争"的理念。大多数销售团队的文化都培养着个人主义而非集体主义的思维方式，这通常是故意为之。虽然说，我们在同一个团队，但奖惩并存的"胡萝卜加大棒"方式，让作为销售人员的我们在同事和客户面前表现得像个独狼，每个人都有自己的目标，彼此独立地开展工作。

无论是作为看客，还是自己的业绩被展示在公屏的排行榜上与他人进行比较，我们都以某种方式参与其中。我们喜欢颁奖仪式，除非我们不是获奖者，而是被迫看到别人赚到的钱比自己多，这会让我们感到沮丧。众所周知，薪酬绩效计划往往会促使销售人员展现出与客户期望完全相反的行为。我们听说过这样一位经理，每周一他都会按照绩效从高到低的顺序，重新安排员工的位置。想象一下，当表现不佳的员工周一进入办公室时，发现自己的工位正对厕所的感受。所有这一切都助长了我们必须只考虑自己的心态："如果这对我的销售业绩没帮助，我就不去做。"

这种内在的对抗性思维不仅仅局限于专业的销售人员。在许多领域，同事之间互相较量，经理通常还会对不争不抢的下属发出警告。在大多数公司，我们被安排在不同的职能部门，如市场营销、产品、工程、客户服务、财务管理、人力资源，当然还有销售团队，这往往导致公司部门间的纷争，这种不良风气会对整体利益造成不良影响。如果你在这样的公司工作，市场营销团队的存在似乎纯粹是为了指责销售团队没有转化足够多的潜在客户。销售人员可能会反过来不断抱怨工程团队一直在为错误的客户构建错误的功能，运营团队可能会责怪产品团队没完没了地调整产品路线图。

以上这些还只是发生在同一家公司的员工之间。不幸的是，在工作场所养成的这种钩心斗角的心态，还会一直延续到与客户的互动中。我们期望"赢得"交易，"排除"异议，"超越"预期，"粉碎"竞争对手。这种心态不仅仅是心理渗透的结果，无数关于市场营销的图书、博客和播客都明确提倡，采用销售博弈术拿下潜在客户，将他们视为要打败的对手和欺骗的对象。

当说服变成胁迫

许多图书和培训推崇的"游戏式"销售技巧都基于对说服力的心理学研究。这些技巧通常都有吸引人的名称,比如以退为进法,它是基于心理学家罗伯特·西奥迪尼的研究。但在他的研究发表之前,这一技巧已经被广泛应用于各个方面。以退为进法的基本策略是这样的:如果潜在客户认为销售人员提出的要求有点过分,砰的一声关上门(字面意义上或象征性地),将销售人员拒之门外,这时被拒绝的销售人员提出一个相对较小的要求,潜在客户更有可能接受。例如,筹款人第一次请求客户支付 2000 美元参加政治人物的筹款晚宴,客户除了能够享用五星级大餐,还会获赠一套纪念酒杯。第二个请求是客户捐赠 200 美元,作为回报,他们将获赠纪念酒杯并在即将举行的聚会上获得一个预留席位。与第一个请求相比,人们通常倾向于接受第二个请求。为什么这个策略如此有效呢?罗伯特认为,这是出于我们在本书第五章中讨论过的互惠主义。由于销售人员看起来做出了让步,潜在客户感到有义务回报这份恩惠。

另一种流行的"游戏式"销售技巧是"如果我可以,你愿意吗"策略。想象一下,销售人员正在讨论定价,而潜在客户认为其无法证明所售商品物有所值,因此想要拒绝。随后销售人员说道:"我不确定是否能行,但如果我成功申请到 × 美元的优惠,你愿意购买吗?"事实上,销售人员知道自己可以提供更低的价格,但仍然表现出他们没有权力批准这个价格的样子。他们不仅不想在潜在客户给出承诺之前提供更低的价格,还希望能留下真正为客户着想的印象。销售人员表现得好像在竭尽全力地为客户服务，实际上，他们的表演比"吉他之神"吉米·亨德里克斯的吉他独奏还精彩。

这些策略以及其他许多被不道德的销售人员当作武器的技巧，通常利用了我们大脑中的非理性认知偏见。在第四章中，我们讨论了为什么我们天生更容易陷入消极情绪而非积极情绪。这一行为的副作用是损失厌恶偏见，正如销售专家金克拉在他的著作中提到的"对损失的恐惧大于对获得的期待"。许多研究都证实了这一点，包括西蒙·申德勒和斯蒂芬·帕法泰彻在 2016 年进行的一项研究，该研究表明人们更愿意冒险（甚至行为不端）以避免损失，而不是追求收益。

科技不断发展，一些不择手段的策略也随之出现。一些公司重金购买工具，让销售人员拨出的电话号码显示与潜在客户所在地区相同的区号，希望借此诱导客户接听。一些销售人员会擅自向潜在客户发送日程邀请，目的是让他们加入自己从未接受的电话会议。自动化程序让电子邮件和社交媒体信息看起来像是为客户量身定制的〔直到对方收到一封以"你好，（名字）……"开头的邮件〕。

这些方法明显加深了销售人员善于操纵的刻板印象，虽然这些技巧在短时间内可能会取得效果，但随着时间的推移，它们会对销售人员（和潜在客户）造成心理压力。与我们共事过的许多人都曾表达过对这些做法的不满，这就是为什么这么多人并不以从事销售工作为荣。当然，这种羞耻感也会引发刻板印象威胁并造成各种负面后果。

除了这些心理惩罚，"以操纵取胜"的策略往往会适得其反。一项研究发现，以说服（而不仅仅是信息传达）为目的的营销宣传可能会导致潜在客户的预期回应显著下降。通过评估美国疾病控制与预防中心鼓励人们接种流感疫苗的宣传活动结果，发现说服意图过强的宣传导致那些对接种疫苗持谨慎态度的人的接种意愿下降了39%。人们对说服的消极反应可部分归因于"心理逆反"，即人们倾向于对妨碍自己选择权和控制权的事情做出消极反应。

那些拥有反直觉销售思维的销售人员没有对销售工作持敌对态度，也不想利用对手的弱点来击破其防御，而是以团队合作的思维来开展销售对话，把客户当作同一团队的队友，朝着共同的目标一起努力。他们的工作是支持潜在客户，同时也让客户成为自己的支持者，并最终为自己和客户负责。拥有反直觉销售思维的销售人员并不认为销售是一场零和游戏。如果某件事对潜在客户不利，那么对销售人员自己也没有好处。

这里需要明确一下，我们并不是坐在象牙塔里，高高在上地反对那些运用我们在本章（或本书其他任何章节）描述的销售技巧的人。我们理解，毕竟自己也曾经历过。当事情进展顺利，并且你觉得自己在这个过程中没有伤害任何人时，放弃最简单的路径并不总是那么容易。我们知道心理确实会驱动行为，这一点不容忽视。我们也理解，不仅公司需要你，而且你的家人、团队以及团队成员的家人也依赖你。我们写这本书的目的不是评判他人的道德舒适区，而是因为基于我们的研究，人们在销售中取得成功、收获快乐（或者不快乐）的真正原因与那些我们刚才描述的策略并无关联，我们希望你也能认同这一点。在销售中，如果我们都知道自己能够运用某种销售技巧，这种销售技巧对客户和自己都有好处，我们何乐而不为呢？

正如西蒙·斯涅克在他的畅销书《从"为什么"开始》（*Start with*

Why）中写的那样："影响人类行为的方法只有两种，一是操纵，二是激励。"如果你和自己的潜在客户是同一团队的战友，那么，操纵没有任何好处，激励是唯一的选择。

为什么团队合作能奏效

当我们采访那些既成功又快乐的销售人员时，我们看到"团队合作"思维模式已经成为他们中许多人的第二天性。这一思维模式已经融入他们的工作习惯，并且这些销售人员每一天都能从中获得回报。你会发现，当他们与人交谈时，他们真诚相待、热情相助；当他们面临挑战时，他们勇往直前、无所畏惧。

一位优秀的心胸医疗器械销售人员告诉我们，他曾遇到过一位喜欢《教父》（The Godfather）系列电影的医生："这位医生不仅经常提到这几部电影，而且可以看出，这几部电影在很大程度上对他的人生观、世界观产生了影响，甚至影响了他的决策方式。"但这并不是重点，他是真心享受和这位医生的相处过程。这位销售人员和这位医生建立了情感联结，他想要更好地了解这位医生，不是因为这样能够帮助他销售更多产品，而是因为他真心关心自己的"队友"。这位销售人员无法真正体会这位医生对《教父》系列电影的喜爱，因为他从未看过这几部电影。于是，他决定去看一下这些电影，结果他也喜欢上了《教父》。因为喜欢，他不仅观看了电影，还仔细阅读了博客和留言板上的评论，并收集了自己最喜欢的台词（不抽空陪家人的男人，不是真正的男人），还对这几部电影产生了很多疑问。下一次他与医生会面时，他告诉医生："嘿！医生，我终于看了《教父》三部曲……我明白了一些之前不明白的事情！我们聊一聊吧。"不久后，这位销售人员和医生共进午餐，餐桌上的话题围绕柯里昂家族展开。从那时起，他们成了同一个团队的"队友"，不仅因为销售人员看了这些电影，而是因为他真心实意地想要了解同一团队的成员，想要了解对自己的"队友"而言如此重要的事情。

有这样一家我们曾经合作过的公司，它有意让销售团队成员为客户提供点对点的支持服务。尽管公司设有一个客户支持团队来专门处理所有无法立即解决的问题，但客户还是会倾向于先和他们的销售代表进行沟通。许多公司会认为这是一种不好的干扰，会占用销售人员的宝贵时间并且导致他们无法明确开展销售活动。但续订是该公司很大一部分业务，因此在每份合同到期前，与每位客户进行沟通至关重要。公司通过让销售代表帮助和支持客户，确保他们和客户始终处于统一战线。当客户需要解决问题的资源时，销售代表便成了为客户争取利益的代言人。

像对待同一个团队的成员那样对待潜在客户，与他们朝着共同的目标一同努力、一起前进，这样做不仅有效，还能让人们获得心理上的满足。其原因有很多：一方面，这种方式打破了大多数潜在客户感觉自己被强买强卖时心里竖起的那道无形的墙；另一方面，带着了解潜在客户事业的意愿向他们提问，而不仅是试图收集足够的信息来向他们推销，能够开辟一片新天地。以"团队合作"思维模式进行销售，这样销售过程中的每一步都是合作，而不是竞争。销售人员的工作从说服与劝说变成了指导和授权。当你们是同一个团队的成员时，做出的决定不是基于你一个人的想法，而是"他们的想法"，或者更好的说法是"我们的想法"。

合作的自然影响

"团队合作"思维模式之所以有效，是因为它满足了我们天生想要一起合作的愿望，我们互补才能，共同追求利益的最大化。许多人认为，好斗是人类天性的一部分。但生物学家和人类学家对人类行为的根源进行了深入研究，强调我们天生倾向于和睦相处、合作共赢、互相帮助，甚至可以为了他人而牺牲自己——这样的天性和好斗同样强大。

现代狩猎采集社会被认为是人类文明最初的形式，象征我们最自然的生活方式。对他们而言，良好的团队合作似乎是一种核心价值观。在一些这样的群体中，比如坦桑尼亚的哈扎部落和菲律宾的阿格塔部落，研究人员发现其部落成员有着强烈的合作意愿，他们一起觅食，共同狩猎。最好的猎手不会独自捕猎，独享猎物，他们会带领狩猎队伍，然后将猎物分配给各自的家庭成员。群体成员以小组的形式集体出动寻找水果、坚果和谷物，他们也共同分担照顾群体中所有孩子的责任。

儿童心理学家发现，帮助他人和加入团队的愿望是天生的。根据一项研究结果，19个月大的孩子非常愿意与陌生人分享水果，所有父母都知道，孩子喜欢所有甜味食物，包括水果。研究中，孩子们坐在一张桌子旁，他们的面前放着一盘草莓。然后，一位他们从未见过的陌生男士走进房间，在孩子们旁边坐下，这位男士想要伸手去拿一颗草莓，却不慎把草莓弄掉了。男士的行为看似偶然，实际上是故意设计的，所以草莓看起来不在这位男士触手可及的范围内，他想拿回草莓却没有成功。孩子们见他捡草莓十分吃力，就递给了他一颗，甚至连处于饥饿状态的孩子也这样做了。

针对"孩子如何选择游戏"的研究发现了更多的证据。3~4岁时，孩子们开始自发地分组玩耍，参与所谓的协同游戏，他们分享玩具，彼此合作，创造游戏，即使与刚认识的小伙伴也会这样。工作的竞争压力使我们很容易忘记这个道理，但孩子们已经掌握了这一点，那就是，相比于密切关注自己，为了共同的目标一起努力更有趣也更有益。

重新定义同理心

通常情况下，当我们告诉大家"团队合作"思维模式的好处时，总有人提出这样一个观点：团队合作之所以如此有效，是因为它迫使销售人员对他们的销售对象拥有同理心。这样认为一点也不奇怪。在传统的销售培训中，"同理心"一词被广泛地使用。互联网上也充斥着对同理心的各种评论。事实上，截至撰写这个章节时，用谷歌搜索"销售中的同理心"，能够得到3700万个搜索结果！几乎所有人都认为，当人们谈到销售中的同理心时，他们指的是设身处地为客户着想，试图感受客户的痛苦和沮丧，试图理解客户的想法和观点。就这一点而言，是非常好的。但是将"展示同理心"作为一种操纵手段的话，就存在问题了。

当你在网络上搜索浏览那些关于销售同理心的文章时，出现的文章内容可能会让你感到有点尴尬。"同理心就像一种销售超能力，"一篇文章的提要部分这样宣称，"我们在此强调，要正确使用同理心，你将与买家建立融洽的关系，深入了解他们的业务，并打败你的竞争对手。"这暗示了同理心可以被当作武器。《哈佛商业评论》（*Harvard Buisness Review*）上有一篇题为"是什么造就了优秀的销售员"的文章，它甚至把对潜在客户的同理心比作具有精确制导能力的热追踪导弹，使得销售人员能够"锁定目标，精准打击"。

利用客户的感受来诱导其购买产品或是满足你所追求的认同感，这根本就不是真正的同理心。当你感到压力或沮丧时，你会希望他人利用这一点吗？当然不。因此，当一位销售人员察觉到某位客户的沮丧、担忧、孤独等情绪和感觉，并带着目的去思考如何利用这种感受来促成交易，这根本就不是设身处地感受对方的情绪。同样需要注意的一点是，要真正感受到同理心远比各类文章中所描述的更加困难。你有没有遇到过这样的情况，有人对你说"我明白你的感受"，而你的心里却非常清楚，他们绝对不可能感同身受？回想一下我们之前的讨论，关于真实性以及人们对于不真诚的敏感程度。

这是否意味着你不应该尝试表现出同理心呢？完全不是。关键在于你的思维——你认为同理心意味着什么，以及该如何培养同理心。虽然我们可能都对同理心的概念有个大致的了解，但科学表明，同理心不仅仅是感受他人所感受到的。在《大脑起源》(*Unleash Your Primal Brain*) 一书中，蒂姆·阿什很好地总结了大量关于同理心的研究，蒂姆发现，需要经过3个步骤才能产生同理心：

- 读心——进行模仿和心智化，从而理解别人在想什么。
- 情感匹配——将你的内在精神状态和外在动作姿势与对方同步。
- 共情动机——想要无私地主动帮助别人。

蒂姆强调："上述链条中的任意一个环节被破坏，同理心行为都不会发生。"（其实是我们强调的。）换而言之，如果我们不是发自内心地想要帮助他人做点什么，便意味着其实我们并没有真正的同理心。

这就是为什么我们不去告诉他人"要有同理心"，而是告诉他人"要给予同理心"。这是因为对某人怀有同理心是关于你自己的。它是你改变思维和感受方式，以更好地理解某个人及其处境的第一步。这只是一个起点，并不能赋予你与对方"站在同一战线"的权利。给予同理心是关于对方的。它让对方感受到被理解，并确保在合作中你真正理解他们的感受以及了解如何帮助他们。这就是为什么"团队合作"思维模式有助于培养对潜在客户真正的同理心，它将我们的关注点转向帮助自己的队友，而不仅仅与他们开展工作上的合作。

所以，如果你认同"团队合作"思维模式的效果，但又觉得在销售情境中它会显得不那么自然，那么我们该如何培养这种思维模式，然后将其传达给我们的潜在客户呢？

并肩作战，而非指手画脚

我们见过许多销售失败的案例，失败很大程度上是因为销售人员主导并控制了对话，对潜在客户而言，这时的销售人员更像是教练而不是队友。我们知道这么说可能会让大家感到迷惑，因为"教练"一词具有积极的含义，尤其是在销售领域。对销售人员而言，在销售中一定有成为教练的机会，向潜在客户传授自己掌握的知识，帮助客户克服偏见和不足，指导客户并推动达成最好的结果，成为这样的教练是很有意义的。

但是，比起"教练在身边"，更好的是"队友在身旁"。就像教练一样,队友也希望身边的同伴能够取得最好的结果,但他们不会告诉你应该怎么做,而是希望和你并肩作战。作为队友,你们一同学习成长,一同面对挑战。纽约洋基队的著名棒球捕手尤吉·贝拉有句名言:"当你们是同一个团队的成员时,你会为队友挺身而出。你会对他们忠诚。无论是好是坏,你都会保护他们,因为他们也同样会为你这么做。"拥有"团队合作"思维模式的销售人员也会有这样的感受,这改变了他们与"团队成员",也就是潜在客户的互动方式。

当我们表现得过于像教练时,往好了说,这是出于利己;往坏了说,这是喜欢摆布他人。我们可以通过"贴标签"给自己定位,并有意识地培养"团队合作"思维模式。在当下、回忆通话或回顾对话时有意识地做到这一点是很容易的。在与对方交谈时,你是否发现自己出现过这样的情况:把自己的想法强加给别人,就好像自己什么都懂,别人什么都不知道那样。通常情况下,当出现不同意见时,这一点最容易被察觉。你可能会发现自己想要打断对话,急着寻找机会发表意见,而不是真正耐心地聆听对方说话。然后,你可能会迅速反驳,哪怕这在技巧上是正确的,但实际上并没有真正地解决问题。

如果你觉得自己有这样的情况,下一次面对客户的疑虑时,尝试后退一步,提出不同的问题,那些你真正想要知道答案的问题,以便更好地理解。客户所说的话都是真实的吗,还是有弦外之音呢?也许他们说自己现在不需要解决方案,但实际上,他们想要购买但预算不够。也许他们感到你所销售的产品物有所值,但他们担心一旦高价采购会让自己留下不好的印象。什么问题是你需要问的,什么问题是你想要问的,什么问题是你需要完全理解的,只有弄清楚这些,你才能成为和团队成员并肩作战、帮助他人解决问题的队友,而不仅仅是一个试图完成交易的销售人员。

自从第一个穴居人试图向他的邻居"推销"更高级的石轮以来,就已存在面对异议时提出问题以获取更多信息的建议了。但当你改变自己的思维模式,带着"团队合作"思维去提问,真正去寻找能合作共赢的方法,你们双方对话的语气和深度可能会完全改变。随着时间的推移,你会从一个小心翼翼想靠单打独斗取胜的个体,转变为一个自然而然以团队合作为目标的"队友"。当你遇上这样的"队友"时,你会心存感激,因为他们给予你平等的关怀与尊重。他们待人友善真诚,所以你可以完全信任他们,和正确的人一起做正确的事。

平等对话

提到以销售为生的人,首先浮现在你脑海中的肯定不会是医生这个职业。但实际上,许多医生每天都在向患者"推销"那些生死攸关的决策,他们与患者合作选择治疗方案,或是做出能够改变患者余生生活方式的决定。大卫·阿古斯是一位世界知名的肿瘤专家,阿古斯医生挽救过许多病人,他的患者来自各行各业,从明星歌手(尼尔·杨称他为"我的修理师")到社会名流(霍华德·斯特恩对天发誓,是阿古斯医生挽救了他的搭档罗宾·奎维斯的生命),到商业大亨(赛富时首席执行官马克·贝尼奥夫封他为"先知"),再到政要大亨(他曾治疗过阿尔·戈尔和泰德·肯尼迪)。阿古斯医生甚至被认为将已故好友史蒂夫·乔布斯的生命延长了7年并因此获得赞誉。当我们与阿古斯医生交谈时,他说了很多关于自己在"销售"中运用"团队合作"思维模式的事情。"治疗患者没有唯一正确的方法,"阿古斯医生告诉我们,"我的工作是指导患者,然后和患者一起做出正确的决策。我的工作不是告诉患者应该怎么做。有观点认为,患者必须征求并遵循医生的意见,这其实是一种误解。作为医生,我们真正需要做的是,把所有数据给患者,让他们为自己做出正确的决定。因此,在某种程度上,这是医生和患者的共同决策。"

为了让自己的患者感到舒适,阿古斯医生真诚地向他们传递"医生和患者是并肩作战的同盟,齐心协力对抗疾病"的观念。阿古斯医生有意避免任何可能产生等级或地位观念的情况。"我不穿白大褂,也不把自己和病人隔开。在我的办公区和病人的诊疗区里,你从来不会见到我躲在巨大的诊疗台后边。相反,我有一张桌子,我会让患者坐在我的旁边,因为我希望患者能够感觉自己和医生是平等的。"

阿古斯医生精心安排了一个平等的就诊环境,这并非偶然。"史蒂夫·乔布斯曾有一次这么对我说,"阿古斯医生向我们回忆道,"如果医生进入诊室,病人坐着而医生在一旁站着,他们会感到医生没花多少时间给自己看病。但如果医生真的坐定,医生与患者的对话将会更加深入。"

为了强化自己的思维,思维媒介的首席执行官乔恩·达汉也对与潜在客户的会面场景进行了一番巧妙设计。每当乔恩主持重要的销售会议时,他都会亲自准备食物招待前来的客户。乔恩告诉我们,他把客户视为家人,而聚在一起品尝美味是他的家庭成员表达爱意和联结的方式。乔恩说,用美食招待客户也让他自己脱离了"销售模式",这样他能够更轻松自在地做自己,而他的客户也会以同样友善的方式进行回应。

培养团队默契的另一种方法是散步开会,这一方法是从史蒂夫·乔布斯那里学来的,因为它能营造热烈的谈话气氛,激发我们对话的活力。

我们不再坐在会议室或办公室里，而是来到室外，一边散步，一边开会。散步开会可以打破人与人之间的等级，我们发现，比起和一群人围坐在桌旁，我们会更喜欢并肩行走带来的情感联结。散步开会的时候，双方处于平等地位，不受权力大小的影响，比如说谁应该坐在哪个位置，或是谁应该坐在主位。散步开会的另一个好处是，它能够激发更多创造性的讨论。即使会议的进展不顺利，至少你也燃烧掉了午餐吃的第5片意大利腊肠蘑菇比萨带来的热量！（或许你并不会这样，只有我们才吃那么多。）

下一次当你发起线下销售会议时，尝试将会议流程设置为邀请参会者绕着街区走一圈，而不是把会议安排在一个固定的位置。或许参会者会乐意接受，或许他们不愿接受，但至少他们会感到惊喜并感激你的尝试，笑着感谢你给了他们外出走走、远离屏幕的机会。比起宣传和推销，仅仅凭借邀请大家散步开会的尝试，你便可以展示自己作为销售人员独特的一面。

销售中，没有"我"

莉莎·迪莫纳是我们的作品经纪人，她在这本书的出版过程中发挥了重要作用。第一次见到莉莎时，我们刚刚见完几乎所有意向作品经纪人，也和他们度过了漫长却令人兴奋的两天，和莉莎的会面是最后一场。坦白地说，我们和之前其中一位经纪人的会面十分愉快，基本敲定将与这位经纪人合作，但当我们遇到莉莎时，所有这一切都改变了。和莉莎的整场对话都很特别！但当人们问起我们，和莉莎的会面进行得如何时，我们直截了当地说："我们和她拥抱道别了。"谁的拥抱？家人的拥抱。朋友的拥抱。队友的拥抱。通常情况下，拥抱不会发生在商务会议上刚认识的人之间。莉莎拥抱我们，并不是为了说服我们与她及其作品代理机构的团队一起工作。恰恰相反，她告诉我们，在图书出版之前，我们还有许多工作要做。而莉莎在会议结束后说的话，让我们的拥抱变得自然起来。莉莎说，如果我们愿意，她会尽自己所能帮助我们顺利出版这本书。当我们结束和莉莎的会面时，我们感觉团队中多了一位新成员。

作为销售人员，你应该明确表达与潜在客户合作的愿望和为他们提供帮助的意愿，不要犹豫。我们一次又一次地看到，这种意图的表达成功地将销售互动转化为团队合作。我们认识的一位销售人员遇到了一个非常不信任他的潜在客户。无论这位销售人员说什么，潜在客户都会质疑他所说的真实性。然后有一天，这位销售人员感到自己忍无可忍时，他平静地问出了自己一直在思考的问题："怎样才能让你明白我支持你呢？"这个问题开启了一段美妙的对话，讨论了为成功设定里程碑和明确表达对他人的支持的重要性，即使当事人没有意识到这一切正在发生。

作为销售人员，即使只是在销售过程中使用包容性的词汇，也能产生显著的影响。"我们"这个词在拥有反直觉销售思维的销售人员与其潜在客户的对话中频繁出现。当我们观察销售互动时，"你要做……"和"我们将会……"这两者之间的效果差异可以在谈话预期和肢体语言上感受到。我们可以感觉到人与人之间消除隔阂、彼此靠近和挽起袖子合作的意愿。双方都感受到了这种转变的影响，部分原因是因为"我们"这个词传递了一个重要的信号，即销售人员在心理上已经从"试图获胜"变成了"站在客户的身旁"。

与客户达成共识

在《重新思考》(*Think Again*)一书中,作者亚当·格兰特指出,最优秀的谈判者会在准备阶段花费更多的时间去寻找与对方达成共识的机会,并确定对方可以做出的让步,而不是把时间花在争论"为什么自己才是对的"上面。同样,拥有反直觉销售思维的销售人员不会把关注点放在如何应对潜在客户可能存在的任何异议或顾虑,而是会将注意力转向寻找双方的共同点。

我们发现,在为销售做准备时,人们常常会过分关注可能会出错的地方。在研究自己的潜在客户时,他们希望尽可能多地发现潜在的障碍。潜在客户是否已经与竞争对手进行了合作?他们是否会对我们的定价模式产生疑问?是否还要叫上其他决策者?提出这些问题并做出充分准备,这确实是销售准备工作的重要部分。但是,你需要将时间更多地花费在与对方寻求共识上。

我们曾合作过的一位销售人员,使用了一种简单却有效的方法来让自己专注于与客户寻求共识。这位销售人员有一本黄色便笺,上面记录了她和客户的每一次通话。在每次通话前,她都会在页面的1/3处画一条竖线,她将正常的通话记录写在竖线的右侧区域,而被她称之为"握手区"的左侧是她留给自己的,"握手区"记录了客户与她达成一致的事项。其中一些事项明显和销售工作有关,比如她可能会写"在内部构建解决方案的成本高昂,但不失为一种选择",或者"必须确保在99%的营业时间里正常运行"。这位销售人员的便笺本上还有她参与广泛对话,并发现完全不同类型事物共同点的记录,比如"选举日应该放假",或者"热狗实际上是三明治"。这位销售人员通过这种方式训练自己去寻找成为客户队友的方式，不仅比同行销售人员达成了更多交易，而且她从现有客户那里获得的推荐比团队中其他任何人都多。

付出一些"代价"

试想一下这样的场景：当你询问餐厅服务员有什么推荐菜时，他们会建议你点那几道最贵的菜。再想一下，如果服务员建议你选择便宜、稍显油腻但美味可口的食物，并对你说这是他在当日工作开始前的午餐时吃的，很好吃，你会更相信哪个建议呢？当一个服务员建议你选择14美元的炸鱼薯条，说它比34美元的龙虾卷更好吃时，服务员很清楚，如果他推荐你点龙虾卷，你会支付更多的餐费，他也会按比例得到更多的小费，但是这位服务员宁愿牺牲一些小费，来换取顾客更满意的一餐。

当客户感受到你的真心支持，并知道你为了他们的利益做出了真正的牺牲时，无论这是个多小的牺牲，也会使你们的关系走向发生变化。大多数人都听说过房地产经纪人放弃部分佣金来达成交易，但我们也看到经纪人用自己的资金投资与客户合作的项目。亚兹迪·沙欣是洛杉矶著名商业地产集团乔治史密斯事务所（George Smith Partners）的合伙人，他将自己的部分佣金再次投资到了客户的项目中。"这样的投资创造了我在工作关系中渴望的平衡，"亚兹迪告诉我们，"客户的成功就是我的成功，我的成功就是客户的成功。"这也是风险投资交易中的基本原则。创始人愿意让风险投资者在董事会会议室里获得一个席位，因为风险投资者已经为他们心爱的企业投入了大量资金。

当威尔·史密斯从说唱歌手和电视明星转型为电影演员时,他告诉自己的经纪人詹姆斯·拉西特,他想成为世界上最伟大的电影明星。怀着这个目标,詹姆斯开始阅读他能拿到的每一个剧本。有一天,詹姆斯带着一条重磅消息来到威尔家里:"威尔你看,有一家工作室邀请你出演一部名为'一个布袋八个头'(*8 Heads in a Duffel Bag*)的警匪片。你的片酬是1000万美元。"威尔吓坏了,即使他是一名成功的歌手,也从来没有赚到过这么多钱。但是詹姆斯还没有说完:"我今天来找你是想告诉你不要接受这份邀请,我感觉不对劲儿。"

威尔简直不敢相信,作为他的经纪人,詹姆斯可以赚取15%的佣金,也就是150万美元(经济状况并不太好的詹姆斯甚至还住在母亲家自己儿时的卧室里)。但詹姆斯告诉威尔不要接受这份工作。"汤姆·克鲁斯也不会接下这个角色。"詹姆斯说道。作为经纪人,威尔是詹姆斯的客户,詹姆斯知道要想和客户真正成为同一团队中的队友,他需要支持威尔,相信共同的愿景,并与威尔一同冒险。威尔回绝了1000万美元,而是选择以30万美元的价格出演了电影《六度分离》(*Six Degrees of Separation*)。他在强大的演员阵容里脱颖而出,朝着成为世界上最伟大的电影明星的目标迈出了重要的一步。

我们并不是在暗示你必须用自己的钱进行投资,或者放弃上百万的利益才能拥有"团队合作"思维模式。你的付出可以是非货币形式的。它可以很简单,比如抵抗住内心的诱惑,不向客户推销超出他们需求的产品;冒着让潜在客户不高兴的风险说出反对他们的意见,因为你知道这样才能让他们的利益最大化;允许客户在没有压力的情况下按照自己的节奏做出决定;或是承诺在销售达成后多花时间陪伴客户,以确保他们取得成功。

对于那些非销售岗位的销售人员，你可能有更多机会创造性地推动双方达成一致，确保只有在客户成功时你才会取得成功。以短期牺牲的代价，换取长期的最大回报。这样做会带来更多的客户、更多的引荐，最重要的是，诚实正直地行事，并做出与那些讨厌自己工作的销售人员相反的行为，会带来精神上的慰藉。

让客户成为合作伙伴

在初创公司需要优化收益时，我们首先会建议他们定义公司理想的合作伙伴。理想的合作伙伴不同于理想的客户。一个完美的客户可能是一家具有一定规模和预算的公司。而一个完美的合作伙伴可能会是一个愿意接受频繁的产品更新并提供真实反馈的早期用户，可能是拥有大量其他潜在合作伙伴关系网的天使投资人，也可能是一家赫赫有名的大公司，其商标就足够值钱了。将我们的销售对象视作合作伙伴而不仅仅是客户，真心信任、真诚对待，是一种展示"团队合作"思维模式、实现高效团队合作的有力方式。

我们的客户公司有这样一位企业销售代表，他接听每一位潜在客户电话时的气势，就像尼克·弗瑞招募复仇者那样，仿佛正在组建一个超级英雄联盟。他知道，在他尝试销售的每个垂直领域中都有合适的合作伙伴，能够向市场传达这样的信息：他的公司正在崛起，受到行业龙头的信任，并且有能力应对行业发展方向上的特定挑战。是的，与许多在官网上展示一堆凌乱商标的服务公司相比，这些合作伙伴更能助力公司的发展，他们也将改变公司的经营模式。他知道自己可以向他选择的合作伙伴坦诚地讲述这一战略。他告诉合作伙伴这样一句话,这是公司的首席执行官对他强调的:"我们正在创造一个行业,对我们而言,重中之重是选择合适的合作伙伴。这些合作伙伴代表着整个行业,定义着该领域的创新,他们知道领导力是什么样的,并希望在决策层有所作为。"

从寻找客户到寻找合作伙伴,正是由于他思维方式的转变,他与潜在客户的交流方式也发生了变化。他不是嘴上说说而已,而是通过实际行动证明。他没有像许多销售代表那样,把客户交给客户管理团队就再也不管了,而是组织了一个季度论坛,让所有客户聚集在一起讨论产品和未来规划,以及大家在行业中面临的普遍挑战。他履行了自己对合作伙伴的承诺,为客户提供了一个表达意见、交流想法的场所,并将他们介绍给其他公司的同行,以便他们交流心得并建立起自己的人际网络。此外,他还会定期和客户同步公司是如何回应他们的反馈的。

想方设法让客户一起参与决策,这样他们就可以帮助你实现愿景,帮助你的公司取得成功。组织你自己的合作伙伴顾问委员会,这是一个合作伙伴联盟,他们可以定期为你提供真实的反馈,来帮助你来调整战略、改进产品、获得支持。找到让你的合作伙伴一起庆祝你的成功的方式。我们知道这样一家初创公司,在公司发展的里程碑时刻,会举办活动并邀请客户共同庆祝。而另一家公司,当公司取得重大成就时,会特意在新闻稿中提到合作伙伴的名字,这样一来,合作伙伴就可以通过新闻事件获得免费的宣传。

不要只把心思放在让客户签合同和付款上,钱款一到位,就立即把注意力转移到下一个客户上。作为销售人员,在你每周的工作中,抽出点时间关心一下老顾客,把表面上的关系升华为真正的合作伙伴关系,这可能会建立美妙的人际关系并带来出色的工作业绩。

选择团队成员

前体育经纪人、现任体育营销公司壹体育营销（Sports 1 Marketing）创始人、励志演说家和慈善家大卫·梅尔策告诉我们，当他意识到自己只应该与那些思想开放并愿意以团队成员的身份合作的人一起共事时，他在销售过程中变得更加成功和快乐。有了这个领悟之后，大卫告诉我们："我拒绝与思想狭隘的人交谈。"如果潜在客户对于你的接近反应消极，甚至没有认真倾听，拒绝分享任何信息并且对你想要帮助他们表示抗拒，那就换一个客户，而不是花费力气去说服他们。没有人愿意被说服，而且通常情况下，这会耽误你寻找真正的合作伙伴。

我们明白，当与你签约的客户数量决定你的薪资时，放弃潜在客户并非易事。但那些拥有反直觉销售思维的销售人员知道，从长远看来，告别错误的客户，选择正确的客户是值得的。以投资顾问丹·康韦为例，在职业生涯早期，他曾在国际金融巨头希尔森雷曼兄弟公司（Shearson Lehman Brothers）工作。他形容当时的竞争氛围异常激烈，大家都毫不掩饰地强调无论如何都要签下尽可能多的客户。每天早晨，丹都被公司要求早早到岗，按照销售话术给高净值客户和企业家打数百个电话，尽一切努力让他们签下合同成为客户。对丹来说，这与他想要成为的那种销售人员背道而驰。他说："我想以不同的方式行事，我觉得我的客户想要不同层次的服务。我也希望能够主动选择与我合作的伙伴，就像他们选择我一样，因为良好的客户关系会持续数十年，有时甚至会跨越几代人，影响到客户的子辈孙辈。因此，在与潜在客户交谈时，我脑海中浮现出了一个新问题，我问自己：如果我被困在一座荒岛上，我会愿意让这个人来陪我吗？如果答案是否定的，那我就不会和他合作。"丹说，一旦他在内心划定了这条底线，他就再也不用不停打推销电话了，因为他的许多客户都会向他推荐。当丹决定离职创业开设自己的公司时，几乎所有的客户都选择继续跟随他。

在选择客户时，也有人会有类似的标准：我愿意和这个人下班后一起喝一杯吗？这个人会赋予我能量，还是会消耗我的能量？如果知道每天必须和他们一起工作，我会雇用这个人吗？制定自己的标准是一项有价值的练习，尤其是当你有很多消耗你的时间和精力的客户时。许多人觉得，选择自己的合作伙伴是一件奢侈的事情，但是那些拥有反直觉销售思维的人有一个明显的共同点，他们知道自己有选择的权力。

销售不应该意味着销售人员要受到潜在客户的折磨，这也是以"团队合作"思维模式进行销售十分有效的原因。根据我们的经验，比起那些你最终通过说服勉强达成交易的潜在客户，每个与你建立合作关系并成为"队友"的潜在客户会对你的成功更有价值。成为"队友"的潜在客户能够提供关于未来的重要见解，往往能够通过口碑传播来帮助你找到其他潜在客户；与他们的互动会更加有趣；对于那些感觉自己在单打独斗的销售人员来说，这类潜在客户让其体会到了同伴之间的深厚情谊。

柏柳康在《模仿欲望》（*Wanting*）一书中写道："超越型领导者不会坚持把自己的欲望放在首位，他们不会要求所有人和所有事都必须围绕自己转。相反，他们会有意识地把重心从自己身上移开，转向一个超越性的外部目标,这样他们就能与自己的团队并肩而立。"柏柳康笔下的领导者将重心从自己转移到更大的目标上。同样的,拥有反直觉销售思维的销售人员也会将重心从他们自己、他们的公司或他们的产品上挪开,转移到对客户最有利的结果上。

让自己始终保持"团队合作"思维模式肯定离不开一些练习和实践。文化习惯使我们将销售视为一场游戏,将潜在客户视为我们应该打败的对手,即使这种想法只是存在于潜意识。但是,当你不断提醒自己要有"团队合作"思维模式,不是因为你必须这样做,而是因为你喜欢由此产生的互动,这种思维模式就会成为一种习惯。这样,你会开始看到与潜在客户的各种合作机会,以及朝着共同目标努力的过程中意想不到的合作方式。客户也会开始回馈于你。最重要的是,销售行为将会从一连串的争议冲突转变为有意义的情感联结,使整个销售过程更加充实。

第七章

突破旧有的交易型思维，用变革型思维升级销售

优秀的销售人员会不断寻求新的机会，不断打破传统观念，通过变革型思维进行思考。他们不会操纵感知价值，而是积极寻找提供实质性价值的方法，这种价值将超越眼前的交易，产生变革性的影响。

如今，在世界各地的城市中，有一群敢于创新的厨师，他们通过流动餐车的窗口把世界各地的美食带给排着长队的食客。如今街头的流动餐车无处不在，很难想象过去并非如此。2005年前后，世界上的大多数人并不能轻松便捷地获取各式各样物美价廉的食物，而"餐车革命"改变了这一切。2008年，主厨罗伊·崔将他的Kogi烧烤餐车带到洛杉矶街头，成为这场革命的主要推动者。

罗伊的Kogi餐车以街头小吃的价格售卖融合了韩国和墨西哥风味的美食，这与食品行业以往所见的任何食物都不同。罗伊的使命是让食客更便捷地接触到创意美食，他和食客私交密切，每一天，罗伊都会在推特上发布餐车的位置，让食客觉得自己是一群特别的美食追随者。罗伊毕业于纽约著名的美国烹饪学院，曾在四星和五星级餐厅工作过，包括豪华的比弗利希尔顿酒店，但2008年的经济危机致其失业时，他接受了希尔顿酒店的一位朋友提出的用餐车出售炸玉米饼的想法。从高级酒店到街头餐车，这似乎是一个巨大的退步，但罗伊的愿景是改变食品界。

罗伊告诉我们："这就像维吉尔·阿布洛在高级时装界所做的那样。起初，路易威登、香奈儿和迪奥等时尚品牌看不起街头服饰，但最终他们不得不屈服于文化变革……越多厨师能够运用社交媒体，以更低廉的价格提供更有创意的食物,世界就会变得越好,对我个人和他们而言都是如此。"为了做到这一点,罗伊必须让其他人接受自己的理念,然而这在刚起步时并不容易。

罗伊向我们描述他的经历时,我们对他做的大量销售工作感到惊讶,尤其是因为罗伊从来没有认为自己是一个销售人员。首先,他必须向食客推销"街头食品很特别"的理念,他们不需要局限于餐厅就能拥有难忘的用餐体验。其次,为了让自己的想法成为现实,罗伊还必须向投资者推销,并向他们承诺这种非常规的商业模式可以为他们带来丰厚的回报。最后,他知道要成功推广自己的理念,需要邀请其他经验丰富的厨师一同加入这场"餐车革命",所以罗伊也必须向他们推销这个想法。

罗伊回忆道:"一开始,那些老厨师难以接受,他们的行为就好像在说'离我远点'。许多因循守旧的权威专家认为,这种新鲜理念不过是昙花一现。我不断地告诉他们,世界正在变化。这不是说服对方达成交易后就不管不顾,而是在推销一种文化变革,即使对方不认可,我也想让对方明白这是真实存在的。我是真心实意地关心对方,想向他展示如何加入我们,成为团队的一分子。"罗伊不仅在推销一种餐饮概念,而是在推销一个行业的大规模转型。

罗伊在发起"餐车革命"过程中所获得的经验,为他在拉斯维加斯开设新餐厅最好的朋友(Best Friend)奠定了基础。这家餐厅颠覆了传统拉斯维加斯的餐厅模式——昂贵的名厨、保镖守护的会所、贵得离谱的酒水,以及包括175美元和牛牛排和240美元鱼子酱寿司卷的菜单。与之相反,最好的朋友餐厅的灵感来自墨西哥炸玉米饼店和韩国点心店的休闲氛围,它充满了洛杉矶的活力,罗伊眼中的它融合了街头文化、移民文化、嘻哈文化和社区文化。菜单上有罗伊著名的炸玉米饼和其他餐车特色菜，价格亲民。罗伊希望拉斯维加斯当地人能够经常光顾这家餐厅，而不仅仅是前来度假的游客。"在类似拉斯维加斯这样的地方，推销这家餐厅可能会非常困难，"罗伊告诉我们，"但它改变了未来餐饮行业领袖和娱乐行业开发商在拉斯维加斯这座城市发展的理念。"

在传统意义上，销售并不被认为是引发信仰、环境或文化重大变革的催化剂，但优秀的销售人员不会因此而停下发现变革潜力的脚步。他们不断寻求新的机会，不断打破传统概念。他们超越了传统意义上的价值交易，即"我提供这个给你，你用那个补偿我"。事实上，他们根本不从交易的角度思考（交易型思维），而是从变革的角度思考（变革型思维）。

等价交换的陷阱

没有人会因为将销售单纯地理解为"以物易物"而受到指责。毕竟，从本质上说，销售的核心是某种字面上的交易——我向你提供有价值的东西，如果你认同它对你有价值，你应该愿意为我提供某种价值作为回报。回报可能是金钱，也可能是时间、对一个想法的支持、联系人的引见、意见建议或者几乎其他任何东西。问题在于，我们接受的教育使我们认为在任何交易中，我们至少应该得到与所贡献的价值相等的回报，否则我们就被利用了。

这种思维源于我们如何看待自己每天参与的最常见的价值交换，即我们的工作。从某种意义上说，任何工作都符合基本的销售命题。我们工作以换取报酬，在这种交易中，我们希望自己从雇主那里得到与我们的付出相称的回报。但是涉及向顾客、客户和同事销售时，如果我们能不计回报地专注于自己可以产生的影响和实现的变革，便会发现我们的工作更加充实、更有意义。

这是一个挑战，因为在大多数类型的工作中，公司以各种方式鼓励我们密切关注我们创造的金钱价值。我们被告知在每次交易中要为客户投入多少时间，或者将时间和精力集中在"高价值"客户上。我们被设定了金钱目标，我们的表现被量化。简而言之，我们就像人形收银机一样。这意味着我们的工作目标不是尽力做好工作，而是赚钱。

当加勒特还是一家律师事务所的助理时，他被要求以 1/10 小时为单位跟踪和计算他为客户工作的时间。这意味着加勒特每过 6 分钟就得计算一次！这种感觉就像被当作一台赚钱机器中的一个齿轮。公司领导对加勒特的评价也主要依据他的工作时间而不是他为客户提供服务的质量。有一次，加勒特被指派为一位客户起草一封律师函，这是一份有标准模板的文件，加勒特只用了 30 分钟就写完了。当他提交项目账单时，他被叫进了管理合伙人的办公室。

"这封函件你为什么只收半小时的费用？"合伙人问道。

"因为我确实只花了半个小时。"加勒特真诚地回答道。

"这样一封函件应该需要两个小时，"合伙人责备说，"你需要在工作中更加仔细，不要操之过急。"

但问题的本质并不在于工作质量。事实上，最终寄给客户的函件与加勒特的版本几乎没有任何差别。可以明确的是，这里出售的是时间，确保客户得到的价值不超过他们支付的费用。

几个月后，加勒特头也不回地离开了法律行业，再也没有回去。

我们工作的目的远远不止拿到薪水，我们还希望为自己取得的成就感到自豪；我们希望工作能帮助我们与同事和客户建立有益的关系；我们希望在工作中学习成长并发挥创新力；我们希望在行业中不断进步并拥有影响力；我们希望相信自己有机会为人们的生活做出有意义的贡献。这就是为什么当公司让我们感到自己的工作实际上只是从客户那里榨取价值（金钱）并重新分配给公司和我们自己时，我们会感到愤怒。

操纵价值

在某些类型的工作中，"等价交换"的思维方式受到大力推崇。在传统销售中，我们不断被灌输这种思维。事实上，它在传统销售培训关键之一——客户感知价值计算公式中被明确地表达了出来。

$$感知价值 = 客户的预期收益 - 客户的感知成本$$

这个公式体现的思路是，如果客户没有购买，那是因为他们没有从销售人员推销的东西里感知到足够的价值。有这样一种说法：作为销售人员，你的工作就是改变客户的感知。一旦客户的预期收益超过了他们的感知成本，他们就会购买。"就是这样！"他们会告诉你，仿佛销售艺术可以简化为三个简单的变量。

这导致销售人员寻找出各种方法来降低感知成本，增加预期收益，从而夸大感知价值，而非提升实际价值。这些策略包括不断演变的特别优惠，比如打折、团购或优惠券；增加附加服务，比如尊享服务（仿佛有平庸服务存在似的）；高规格礼遇服务（又称白手套服务，费用更高）；甚至提高价格以营造奢华或私人定制的尊贵感觉。

如果这些策略仅仅是为了人为提升感知价值，客户很快就会看穿这一切，彼此间的信任可能会受到无法弥补的损害。哪怕此类附加服务是无偿提供的，也会存在风险。折扣可能会让人觉得你提供的商品很廉价，或者吸引那些一味追求便宜的顾客，这些客户会耗尽资源，不利于企业的长期健康发展。与稀缺性相关的特别优惠，比如"仅限前20位，赶快行动吧！"可能会让那些明知有折扣但不符合条件的顾客感到失望。对产品的特殊"改进"往往被视为销售噱头，而不是真正的增值服务——产品到底能被"更新改进"多少次呢？这甚至会让客户对公司产品的观感产生负面影响。这有点像快餐广告宣传一款新的"无激素"鸡肉三明治。虽然目标是让顾客觉得"不错，这是一种更健康的鸡肉三明治"，但许多人反而会问："等一下，所以你们家其他鸡肉三明治里都含有激素吗？！"

另一个问题是，客户的期望越来越高。买车时，客户希望销售人员去找他们的经理，好让自己拿到一个优惠价格。购买软件时，客户希望能够免除一笔安装费用。有了网络，在线比价变得非常容易，客户可以立即了解报价高低。当有人表现得像是在帮你一个忙，实际上只是在做自己的本职工作时，这是令人不悦的。

我们在与一家人力资源公司的销售团队合作时亲眼观察到了这个问题。他们庞大的销售团队获得了在首次合作中为潜在客户提供最高20%的折扣权限，但只在"极端情况下需要折扣来帮助客户解决问题"的情况下才能使用。销售人员无须经过批准就能给客户折扣，您猜怎么着？每个销售人员都在每笔新交易中提供了最大的折扣。新客户期待获得折扣，老客户听说后要求调整合同以获得更低的价格,而与销售团队打过交道的每个人都知道折扣实际上只是一种销售策略。

即使影响感知价值的策略确实有效,但又有多少人会以采用这些策略为荣呢?这无疑会加强"不择手段"销售的刻板印象。拥有反直觉销售思维的人不会去操纵感知价值,他们转变思维,寻找提供实质性价值的方法,这种价值可能超越眼前的交易,产生变革性的影响。他们不会以等价交换为出发点。他们认为自己的工作很有价值,始终都在寻找更多的方式来分享这种价值,即使(尤其是)公式中并不包含这一点。对他们来说,找到为客户创造价值的方法会让他们感到无比兴奋和满足。

给予的礼物

在《沃顿商学院最受欢迎的成功课》(*Give and Take: A Revolutionary Approach to Success*)一书中,作者亚当·格兰特写道:"每一次在工作中与他人互动时,我们都必须做出选择,是尽可能多地索取,还是不计回报地付出?"谈到"给予者",亚当说,他们不从互惠互利的角度思考,而是专注于通过给予价值来帮助他人。在反直觉销售思维中,"给予"变成了销售过程的一部分。

我们在第五章提到的向军方销售装备的公司先进防御系统的首席执行官贾森·华莱士就是这样做的。公司的产品可能决定着服役人员能否平安归来。贾森告诉他的销售团队,真正为客户提供价值是销售人员的首要责任。他们在为客户提供服务时所做的每个决策都必须履行这一责任。而且,贾森本人以身作则。

贾森与我们分享了他与一家大型供应商首席执行官的一次合作经历。当合作进行到销售流程时，贾森意识到，供应商的商业模式并不适合先进防御系统，他不得不告诉这位首席执行官，他们之间的交易可能无法继续推进。贾森向首席执行官推荐了一家与先进防御系统有着略微不同的商业模式却非常适合供应商的竞品公司。最终，供应商和先进防御系统的竞争对手达成了交易。贾森并没有得到任何直接的好处，但他与潜在客户建立了真正的友谊，这是贾森通过正确行事而得到的内在奖励。

正如丹尼尔·平克在他的畅销书《驱动力》中所写的那样，我们更容易受到内在奖励的激励，而且比起外在奖励，内在奖励更能够让人得到满足。无偿地给予他人是内在奖励的最大来源之一。大量研究表明，无论是给予他人我们的时间、金钱、关注、建议，甚至只是一点点认可，都会成为我们自身幸福感的主要来源。例如，一支由迈克尔·诺顿领导的哈佛商学院的团队进行了一项实验，他们在校园里向学生发放装满钱的信封（要么是5美元，要么是20美元）。学生被告知他们必须在当天结束之前把钱花掉，可以花在自己或别人身上，作为礼物或捐赠给慈善机构。研究人员要求参与者在他们收到钱时和花完钱后对自己的幸福感进行打分。诺顿表示："我们发现，那天把钱花在自己身上的人晚上并没有更快乐，但把钱花在别人身上的人却更快乐。无论是5美元还是20美元，金额并不重要，重要的是人们的花钱方式。"

在另一项实验中，美国国立卫生研究院的科学家通过磁共振成像记录了19名被试者选择向他们认为重要的慈善事业捐款时的大脑活动。他们能够观察到与快乐、信任和社交相关联的大脑区域的物理变化。结果清晰地表明，与"较少做出利他决定"的被试者的功能性磁共振成像结果相比，为他人奉献而非为自己考虑对人们自身产生了更多的积极影响。这种源于给予他人的快乐感觉被称为"助人快感"。

我们一直都非常清楚这样一个事实，那就是，在生活中和工作中，作为依靠销售谋生的人，我们必须在"做对内在有好处的事情"和"做能让我们挣钱的事情"二者之间找到平衡。我们必须完成交易，或者为我们的想法争取支持，或者为我们的初创公司筹得资金，或者进行任何能帮助我们实现生活和职业目标的"销售"。但我们不必像令人尴尬的口头禅所说的那样"一定要成交"，也不必不断计算我们通过给予所得到的金钱或其他外在回报。

我们可以放心，如果我们提供了价值，我们将会得到充分的回报，比如收获更多工作的乐趣、生活与价值观相谐的满足感、更高质量的人际关系，拥有被信任或被重视的感觉，当然还有更多的经济回报。当我们停止不断计分时，我们就是在玩一场长期的游戏，这场游戏是过上更有意义、更丰富多彩的生活。随着时间的推移，与陷入交易型思维的人相比，那些拥有反直觉销售思维的人将会获得更高质量的体验回报，而且他们往往会以一种意想不到的惊喜方式收到回报。

这正是发生在先进防御系统首席执行官贾森身上的事情。贾森与他介绍给竞争对手的那家供应商的首席执行官保持着联系，随着时间的推移，他们的友谊不断加深，为彼此出谋划策。多年后，这位首席执行官跳槽到了一家名气很响的大公司，这家公司是先进防御系统的理想合作伙伴。从那以后，他们一起做成了数百万美元的生意。有时候，不计得失的给予所带来的回报，会远远超过你计算出来的应得的补偿。

在我们公司的发展过程中，我们自己也发现了这一点。刚开始的时候，我们对所有邀请我们出席的演讲活动都毫不犹豫地答应。当时，大多数活动都没有报酬（实话说，不是大多数，甚至可以说是所有活动），但我们并不在意。我们喜欢与听众交流经历，以及帮助尽可能多的人改变他们对销售的看法所带来的回报。我们最喜欢的是一次为一所大学的创业组织举办的活动。这所大学规模很小，校方告诉我们，这个组织非常受欢迎，预计会有一大群热情洋溢的年轻创始人参加。当我们抵达现场时，活动地点却在一个阴暗的校园休息室里，5名学生尴尬地注视着我们，他们的嘴里塞满了免费的甜甜圈。我们想知道他们是否只是为了免费食物而来。但这并不重要！我们毫无保留地将自己所有的一切传授给了他们。事实上，小小的观众群中有人认识一个需要他人帮助建立销售团队的企业家，他向我们进行了一番介绍。这个新客户最终又向我们推荐了另一个客户。我们得到了这些公司的业务，是因为我们选择不计较我们投入演讲活动的时间价值，尽全力为那些我们知道有需要的人提供帮助。在这样一个美妙的巧合中，那些把我们推荐给其他公司的人之所以这样做，是因为他们反过来也在思考他们如何为他人创造价值。

超越界限的思考

超越了"给予是为了索取"的思维局限，我们还发现了一些之前从未考虑过的方法，这些方法可以为我们自身和销售对象提供价值。我们不仅仅是为了分一杯羹，而是把蛋糕做大，让所有相关人员从中获益。

房地产行业的销售人员往往给人以"咄咄逼人"的刻板印象。（想想电影《拜金一族》中的亚历克·鲍德温和那套牛排刀。）但根据《商业内

第七章　突破旧有的交易型思维，用变革型思维升级销售

幕》(Business Insider) 的一篇文章，现在出现了一种改变游戏规则的新一代房地产从业者。这些经纪人明白"房地产并不完全与金钱挂钩……我们中的一些后起之秀正在努力解决系统中的问题"。其中之一是克里斯蒂娜·温德尔，她在房地产开发领域工作多年，并对经济适用房产生了浓厚兴趣。克里斯蒂娜发现经济适用房的申请者往往需要面对烦琐的申请流程和大量的书面工作，这些因素导致从申请到入住耗时很长。于是，克里斯蒂娜和他人共同创立了及家（Pronto Housing），通过一种简单的类似于纳税申报的计算机程序来简化申请流程。这帮助那些急需改善住房条件的人们更快捷、更轻松地申请到住房。在及家，克里斯蒂娜仍然从事着房地产销售工作，但她努力改善行业状况，使其更有利于客户和整个行业的发展。

另一个竞争残酷的行业是唱片行业。我们在第四章介绍的唱片公司高管杰夫·艾耶罗夫是另一个打破行业标准并用创新方式实现变革的人。1990 年，杰夫对政治环境感到沮丧，特别是他感到年轻人对政治的冷漠。杰夫想要为此做些什么。"人们说，音乐电视让一整代人变得不关心政治……我打算重新激发年轻人对政治的关注。"杰夫告诉我们。为了实现这一目标，杰夫与他人共同创立了"摇动选票"组织（Rock the Vote），该组织旨在提高 18~24 岁年轻选民的投票率。杰夫的目标是鼓励这一代人行使他们的权利，代表自己的利益推动有意义的变革。为了让它真正发挥作用，他需要说服自己的竞争对手推出一些艺人支持这项事业。他还需要说服艺人为自己站台，以及说服音乐电视成为这一事业所需的平台。所有这些利益相关者都将为这项没有回报的事业贡献时间、金钱和资源。而且，他们甚至不知道这样的努力是否会带来成功。

剧透警报：摇动选票确实成功了。在创建摇动选票时，杰夫启动了一个强大的机制，吸引超过 1200 万名年轻选民注册，最终结果甚至超出了最初的目标。"摇动选票"带头发起并支持对年轻人至关重要的多项倡议，提高了人们对全球变暖和枪支暴力等问题的认识。与此同时，麦当娜、快转眼球乐队和史密斯飞船乐队等知名艺人的参与帮助许多不太知名的艺人获得了大量曝光，杰夫在行业中的地位也得到了提升，这使他的唱片公司在艺人和合作伙伴中获得了更高的可信度。

我们明白，这些变革营销的故事可能会令人振奋，但这种追求大胆、打破常规的想法也可能会令人生畏。这取决于你所销售的产品，以如此大胆的方式销售某些产品可能会看起来十分荒谬。好消息是，我们可以在销售过程中循序渐进、慢慢改变，这样仍然能对客户产生变革性影响。

保持个性

雪莉是一家机器人电子商务公司的销售员，她向我们讲述了一段她意识到自己可以在销售中摆脱纯粹交易型思维的经历。当时的她正在与宜家的一名高管洽谈合作，试图向宜家推销即时发货解决方案，雪莉与这位高管保持着良好的关系。但这次雪莉已经等待了很长时间，等待这位高管提供她需要的具体信息，这些信息是推进交易所必需的，但对方一直没有回音。雪莉不想成为那种典型的纠缠不休的销售人员，但她也真的不想把事情搞砸，所以她退后一步，对情况进行评估，并意识到了一些事情。她要的是时间、回复、信息同步，当然还有其他她需要的信息。在提升价值方面，雪莉遵循传统的销售策略：提供了优惠的付款条件、诱人的功能和灵活的时间表。出于这一切，她说服自己，向他索取价值是可以接受的。她已经尽了自己的一份力，是时候让对方履行他的责任了。

在意识到自己已经陷入了交易型思维后，雪莉决定暂停寻找她想要的信息，而是回想起了他们曾经的一次对话。宜家高管在对话中抱怨自己计划与家人出门度假，但他们都需要通过核酸检测才能出发。他曾指望每个家庭成员都能在家进行快速检测，但在当时的情况下，要进行快速核酸检测简直比在盐罐里找到一粒糖还难。这些检测试剂在所有地方都脱销了，距离他们出发的时间不多了。一家遍布全美各地的大型药店是雪莉的客户，在致电宜家高管之前，她联系了药店与其关系最好的联系人，询问下一批快速检测试剂何时会到达距离高管家最近的门店。雪莉最终联系上了高管，并马上告诉他什么时候会供应检测试剂，这样他就可以及时下单，试剂当天晚上就能送到他家。这位高管后来给雪莉发了一张订单确认截图，并告诉雪莉一小时后这些检测试剂就将送达他家门口。他还询问雪莉，是不是她公司的技术帮忙推动了他订单的履行和交付。对于这两个问题，答案都是肯定的。雪莉的行为并不是出于一种策略。她进行了自我评估，意识到自己已经陷入了交易型思维，并有意识地将其转变为变革型思维。帮助客户解决对其重要的事情，雪莉为此感到满足，并为在一家能够提供有意义的服务的公司工作感到满意。

想想你的销售对象，思考如何亲自以一种重要的方式来为他们提供更大的价值，不计回报地给予一切。想想他们面临的挑战，以及你如何帮助他们克服这些困难。想想如何帮助他们变得更好，不仅仅是在简介中看起来更完美，或是提供更有价值的东西，而是纯粹意义上的更好。帮助他们成为更好的专业人才、更好的父母、更好的合作伙伴、更好的员工、更好的人。想想你了解多少关于他们的生活、兴趣、家庭生活，以及他们可能面临的困难，比如照顾年迈的父母或年幼的孩子，同时还不能落下工作的压力。他们在工作中还面临哪些挑战呢？即使与你想要销售的产品无关，你可以为他们提供什么信息来帮助他们呢？

我们在一次活动中与格雷格进行了交谈，他在这方面做得非常出色。格雷格销售的办公管理软件可以帮助企业跟踪员工日程、差旅计划和库存管理。格雷格遇到过一个客户，曾经有段时间他很难拨通这位客户的电话，因为这个客户正在全神贯注地进行公司战略规划和财务预测。客户表达了他对这项工作的厌恶，格雷格深深理解那种感受，因为他也讨厌在之前的公司中被迫经历的每一次季度规划会。由于格雷格也曾感受到类似的痛苦，所以他整理了一套模板，可用于规划流程，并与客户分享。这份礼物受到了客户的好评，于是格雷格整理了一套模板，并把它分享给所有的潜在客户和现有客户。这些规划流程的模板与格雷格销售的办公管理软件毫无关系，但因为知道许多潜在客户面临着类似的困难，他很乐意为他们提供支持。格雷格不仅发现制作模板本身是一种内在奖励，而且他喜欢他的客户和潜在客户开始更全面地看待他，不再只是把他视为"向我销售软件的那个人"。客户对格雷格有了更加客观全面的了解，看到他具备超越软件专业知识和产品推销的才能，并且把他当作一个有着相似压力和经历的同伴。

另一位成功的房地产经纪人分享了一个很好的例子。她的客户中有这样一对夫妇，他们非常希望能够在妻子儿时成长的社区买一套房子。这位妻子依稀记得那里罕见的社区归属感，邻居们彼此熟识、和睦相处，她希望自己的孩子也能拥有这样的体验。然而问题是，那边的房子基本没有闲置出售的，因为业主们根本不想离开那个地方。这位经纪人主动为她的客户写了一封真挚的信，信中表达了他们搬入这个社区的愿望，希望能与有意出售房屋的现居民取得联系，让他们知道自己可以将房子出售给一个能够创造美好回忆的家庭，就像他们住在这里时那样。由于经纪人花了很多时间来"爱"上她的客户，所以她能够在信里增加一些独特的故事元素，关于夫妻二人的兴趣爱好，以及这个社区对这个家庭很特别的原因，甚至还附上了一张家里的柯基犬布格的照片。她给客户看过这封信，并在征得他们的同意后将其发给了社区的业主们，希望可以帮助这对夫妻将梦想的房子变为现实。经纪人亲自将复印的信件送到社区的每户人家，主动敲门并尽可能地与房主进行交谈。这时，一位计划搬家但尚未挂牌出售房屋的业主出现了，这位业主把房子卖给了这对夫妻，她的客户梦想成真了。许多房地产经纪人会为他们的客户撰写大量信件，但很少会有人如此饱含热情地关注客户的个人故事，并愿意亲自把信送到每家每户。

想要真正了解某个人，唯一的方法就是为他们提供一些个性化的服务。就像在销售过程中，要想做到这一点并在个性化层面上发现改变的机会，最佳方式就是提出正确的问题。

提出引人深思的问题

提问的能力是销售中最重要的技能之一。对那些运用交易型思维的销售人员来说，他们提出的问题通常是为了自己，为了获得能够帮助他们完成交易的信息。你的预算是多少？你何时需要解决方案？谁参与决策？我通过什么方式卖给你？这些问题旨在从客户那里提取价值（信息）。如果你在提问时不是一味索取，而是提出一些能够帮助对方的问题呢？提出这些问题不是因为你认为对方不知道答案而你知道，不是因为你想要展示自己的聪明才智或证明自己的某个观点，也不是因为你需要一些信息来促成交易，而是因为你真的对他们关于某件之前从未考虑过的事情的观点感兴趣，并希望帮助他们做同样的事情。拥有反直觉销售思维的销售人员经常会提出这样的问题。我们把这些问题称为"引人深思的问题"。

引人深思的问题通常是开放式的，没有指向性，并且经常将回答者引向有价值的见解或是之前从未有过的想法。这不是一种策略。如果你提出这样的问题，你必须真心想要知道答案。你不是急于完成交易，也不是按照标准的销售手册上的问题，从回答者那里获取所需的信息。当你提出一个引人深思的问题时，你就在当下给予了他人一份关于思考和认知的礼物，并确保他们在互动结束时对自己的了解比之前更深入。

马克·罗伯格是中心点前首席营收官，现任二阶资本（Stage 2 Capital）董事总经理，也是《销售加速公式》(The Sales Acceleration Formula) 一书的作者。马克表示，他接触过的所有最优秀的销售人员都善于提出问题，引导买家获得新的认知。他这样告诉我们："在通话结束时，买家可能会说'我感觉自己接受了一次治疗！'。"马克补充道，"心理治疗师所做的就是提出一系列问题来重构你的世界观。优秀的销售人员也是如此。"

引人深思的问题可以在含蓄的对话中唤起真诚和脆弱的反应。在销售情境中，要做到这一点，一个很好的方法是要求人们将注意力集中在他们通常不会关注的主题上。我们认识的一个非常成功的销售人员向首席技术官销售产品，并每天与他们交谈。他知道典型的首席技术官常常被无数

第七章　突破旧有的交易型思维，用变革型思维升级销售

问题、项目和突发事件困扰，因此很多人很难确定优先级。他会问他们："你持续关注并专注于哪一个或哪两个数字，为什么？"这个问题看似简单，但实际上，大多数首席技术官并不只关注一个或两个数字，他们面对大量的数据集，并同时跟踪着几十个指标。

当他向首席技术官提出这个问题时，他们通常会有两种不同的回答方式：要么承认他们实际上从来没有能够真正做到将注意力集中在一个或两个数字上；要么故作姿态，假装已经准备好了答案，并列举出一些指标。无论哪种情况，回答问题的人都会获得一个"礼物"，这是一个特殊的机会，能够听到自己的心声："我很难轻易回答这个问题，但我应该有办法做到。如果我能回答出来，它将帮助我确定优先事项。"在首席技术官编造答案的情况下，销售人员能够真实地回应："哇，我每天都和首席技术官交谈，但以前从未听过这个答案！"大多数情况下，以这种方式回答的首席技术官会转向他并问道："那么……其他首席技术官的答案是什么呢？"仅仅通过提出一个引人深思的问题，客户就能够识别出一个可能的增长领域，而销售人员则成为思想引领者，不是因为他自称是一个引领者，而是因为当他的潜在客户问起其他首席技术官在做什么时，他就成了客户的思想引领者。

在与销售团队的合作以及与拥有反直觉销售思维的人的交流中，我们收集了几个我们最喜欢的引人深思的问题，以下是问题列表。对你来说，问题的适用程度可能会因你所销售的产品、所处的行业以及你感觉最舒适的提问方式而有所不同。请记住，我们必须给自己留出真实的空间，同时也必须相信自己的直觉，知道我们什么时候听起来像一个自己不想成为的人。希望其中一些问题对你有用，即使它们不适用，也请让它们激发你对

其他问题的思考。

- 客户对你的公司有什么实际评价？你希望客户对你的公司有怎样的评价？
- 当你不在场时，你希望你的团队如何评价你？
- 你希望被他人认为是什么类型的领导者？
- 如果你只能将更多资源集中在公司面临的一个问题上，你会选择哪个问题？
- 为了产生最大的影响力，今天你可以采取的最小行动是什么？
- 你认为失败是什么样的？
- 你所拥有过的最佳合作伙伴的特质是什么？他们与你有什么不同之处？
- 请回想一下你曾经成为"命中注定的自己"的那个特别时刻。如何在今天重现这一刻呢？
- 我们应该打破哪些规则？
- 哪些想法是人们或者你内心想要表达却因害怕而不敢说出口的？

如果你确实提出了一个引人深思的问题，那么它本身就是一种给予。例如，询问某人希望成为什么样的领导者，可能会帮助他致力于发展他在领导力方面想要改进的部分，而这可能是他们之前从未思考过的。询问某人关于他们曾经充分展现自己特质的时刻，可能会让他们回想起自己曾经热爱的一项活动，但由于日程繁忙，这些活动渐渐淡出了他们的生活。从根本上说，花时间向人们询问这样需要深思熟虑的问题是一种关心，能够帮助他们感受到被关注和被重视的价值。

在销售情境下，引人深思的问题可以发挥多种作用。这些问题可以引导客户敞开心扉，接受新的可能性，或者帮助他们以新方式思考自己的情况；也可以让客户了解购买产品是正确的选择；还可以重新定义挑战，揭示盲点，或者引发紧迫感。有时候，恰当的问题在合适的时机可以强化销售人员和潜在客户之间的情感联结。无论如何，引人深思的问题赋予回答者主动权，因为无论他们洞察和思考了什么，那不是别人告诉他们的，而是他们自己领悟的。

请记住，如果一个引人深思的问题不是出于真正的好奇心，可能只会引起愤怒。正如我们之前讨论过的，要注意分寸，不要越界。只要你考虑周到并有意识地提出你真正想知道答案的问题，你就可以为他人和自己带来深刻的领悟。

评估你的价值

在销售情境中，发现更多变革性机会的另一个好方法是我们的价值评估练习。在与一个销售团队合作时，我们开发了这个练习，该团队聘请我们来弄清楚，为什么他们与看似"完美匹配"的潜在客户的成交率如此之低。我们很快发现他们与客户互动中的一个趋势：他们不断地索取价值，却没有提供有任何有意义的价值回报。

我们要求团队进行一项练习，以说明他们的互动中有多少是给予，有多少是索取。以下是这个练习的具体步骤。

将你定期与客户互通的任意文件或通信记录（如电子邮件模板、脚本、跟进情况、电话记录）打印出来，然后将它们贴在墙上。在每个文件下面贴上一张分为两栏的空白纸张。在其中一栏写下你在该通信中想要获取的全部内容（如时间、金钱或信息）。在另一栏中，列出你可以给予的任何价值，并按重要性或影响力的大小，从低到高进行打分排序。例如，向客户推荐相关文章可能是2分，而介绍一个对他们的业务有帮助的联系人可能是6分。

对于首次进行此练习的销售团队来说，该练习清晰地展现了他们索取远远超过给予的情况。团队成员共同努力找到了改变"索取与给予"的比例并回以更多价值的方法。他们聘请了外包公司来搜寻客户在业务中可以使用的内容，并组织了一系列行业专家参与的"行业问答"在线活动，客户可以前来学习并进行互动。他们减少了索取，确保他们索取的所有事项都是推动销售过程的关键，并且只在给予之后才这样做。在之后的两个月，他们与那些"完美匹配"的客户的成交率显著提高了。

这个练习可以立即帮助你开始更多地运用变革型思维思考，揭示了在互动中进行简单微小的改变就可以产生巨大的影响。说到巨大的影响，我们最后还有一个建议，来确保你给予的多过你索取的。

100/20 法则

尽管我们会有意提醒自己避免运用交易型思维，但其文化扩散非常强势，而且我们长期以来都受到这种思维的影响，以至于我们很容易陷入这种思维模式。为了防止自己回到交易型思维，我们可以遵循100/20法则，这是大卫·梅尔策与我们分享的，他曾是一名体育商业领袖，后来成了励志演说家、作家和慈善家，我们在第六章中简单介绍过他。这个法则让他重新爱上销售，并改变了他的生活以及许多其他人的生活。

他最初提出的100/20法则的概念是，在每一次销售互动中，每索取20美元的价值，他都要给予100美元的价值作为回报。这里的价值不一定是字面意义上的价值。他只是希望确保他在互动中所给予的——产品或服务、时间、信息、知识、引荐、娱乐、经验等——对客户来说，感觉像是他们所提供的5倍。这个价值可以不是字面意义上的，只要他相信自己正在给予就可以了。这个方法行之有效，并让他有强烈的满足感，所以他最终将这个法则应用到与所有人的互动中，而不仅仅是与他销售对象的互动中。

他最初做出这个承诺是因为他深刻地意识到，他之前的销售方式使他成了自己不想成为的人。他告诉我们，他的职业生涯刚开始时，完全是个典型的销售人员的化身。他说："我是条彻头彻尾的变色龙。我会过度推销、欺骗、操纵和作假。我的态度就像那种老式汽车销售员一样。"就像我们之前讨论的那样，这种短视的销售观念在一定时间内确实给大卫带来了一些好处。他在从法学院毕业开始从事销售工作后，仅仅9个月就成了一个百万富翁，32岁时他已经成了千万富翁。他有几十处房产，包括住宅、高尔夫球场，甚至还有一座滑雪山。但后来，他卷入了一场官司，他告诉我们，他出于自尊心花了很多钱来为自己辩护，仅仅是为了"证明自己是对的"。这些开支导致他两年内无法按时偿还银行贷款，最终不得不申请破产。这段炼狱般的经历让他对自己和自己的生活方式进行了深刻的反思。在这个过程中，他意识到，为了过上有意义的生活，获得持久且真正有意义的成功，他需要考虑如何给予他人价值，而不仅仅是索取价值。大卫坦言："我必须重新训练自己，承认自己之前的做法是没有好处的。我意识到，如果提升他人的同时也能提升自己会怎样呢？如果对于每一笔我想要达成的交易，诚实告知交易的实际价值又会怎样呢？"

大卫奉行了一种以帮助他人为基础的全新生活理念，并表示他现在每天早上醒来的目标是帮助 10 个人。无论是对于他帮助过的人，还是他自己，这都是个巨大的转变。这个全新的理念最终使一个曾经接受大卫帮助的朋友找到他，说："你是一个出色的谈判者。你能帮我谈成一笔交易吗？"大卫答应了，并且对方的谈判律师正是传奇体育经纪人利·斯坦伯格，他是体育电影《甜心先生》（*Jerry Maguire*）主人公的原型。大卫给斯坦伯格留下了深刻印象，很快就被聘为利·斯坦伯格体育娱乐公司的首席运营官，这是世界上最成功的体育经纪公司之一。6 个月后，大卫被任命为首席执行官。

如今，大卫是一个非常成功的商人［他与美国国家橄榄球联盟（NFL）传奇人物沃伦·穆恩共同创立了壹体育营销］，作为演说家和作家，他拥有众多的追随者，作为一位慈善家和人道主义者，他广受尊敬。大卫利用自己的巨大影响力，努力完成了一项真正具有变革意义的使命：为超过 10 亿人赋予幸福的力量。

希伯来语中的"mitzvah"一词意为"善行"。作为两位由出色的犹太母亲抚养长大的人，我们在成长过程中经常听到"mitzvah"这个词，但直到我们的一位学生给我们发了拉比亚历山大·赛恩菲尔德的一篇博客文章，我们才意识到这个词非常贴切地描述了反直觉销售思维所带来的转变及其产生的积极影响。拉比写道："mitzvah 是一种超凡的情感联结，是你用正确的思维进行某些行为（如善行）时创造出来的（我们强调）。"这里所说的"思维"是有意识地选择为他人做某事，不是因为你觉得应该这样做，也不是因为你会从中受益，而是纯粹出于做善事的意愿。拉比说："每次向他人提供 mitzvah 都是赋予你生命超越性意义的独特机会。"

我们立即想到了反直觉销售思维如何帮助人们突破交易型思维的限制，并且让销售人员与客户建立起超凡的情感联结。拥有反直觉销售思维的人超越期望、寻求变革，无论改变是大是小，他们不仅改善了交易，也让客户变得更好。在这个过程中，他们成了更好的自己，还通过建立起的人际关系和产生的影响力丰富了自己的生活。

第八章

唤醒并激发内在的创新力,充分表达销售的艺术性

创新力是反直觉销售思维的关键。激发内在的创新力,能够引发积极情绪,促进心理健康,增强生命力,有效减少抑郁、压力和焦虑,增强免疫力。销售是科学也是艺术,不断发挥创新力,有助于确保时时关注销售的艺术性,使销售工作变得更加有趣。

我们本学期第一节企业家销售思维课刚结束时，有几位学生排队向我们介绍自己并提问。我们注意到有一位学生让其他人先走，似乎他有一个秘密要与我们分享，不想让其他人听到。其他人离开后，他害羞地把手放在口袋里，微微低头自我介绍："嗨，我叫克里斯。呃，我不太确定是否应该选修这门课程。我真的非常喜欢创业思维和企业家精神，想尽可能学习更多知识，但我是一个内向的人，我担心自己可能不适合修读销售类的课程。"

我们相视而笑。每个班级中至少有一位学生在刚开始时会带着类似的疑虑来找我们。我们在教学中最喜欢的事情之一，就是看到这些担心自己可能没有"销售人格"的学生意识到，他们所认为的弱点实际上是优势，不仅仅是在我们的课堂中，无论在哪个场合他们都有潜力成为最优秀的销售人员。

克里斯没有让我们失望。虽然课堂上的他没有像其他外向的同学那样频繁发言，但每次他发言时，总能以有意义的方式丰富讨论内容。他的书面作业得分也位居前列，但最让我们印象深刻的是他如何利用自己优势——创新力——将我们在其中一堂课上分享的销售推广邮件按照他的需求做出调整。

期中的时候，克里斯正在申请科技初创公司的实习岗位，他对一家名为"100大盗"（100 Thieves）的电子竞技公司特别感兴趣。作为该公司联合创始人之一杰克森·达尔的忠实粉丝，克里斯一直关注着他的社交媒体动态。他曾经通过电子邮件多次联系杰克森，希望对方能够给他一次面试机会，却迟迟没有得到回复。随后，克里斯展现了自己的创意。他从社交媒体上得知杰克森常驻洛杉矶，而且是洛杉矶湖人队的球迷，于是他用自己的方式改编了我们在课堂上讨论过的一封电子邮件。

主题：打赌

嗨，杰克森！

我想你一定很忙。明晚湖人队好像要和篮网队进行一场比赛。

如果湖人队赢了，我会给100大盗送一大份比萨，然后再也不联系您；如果篮网队赢了，我想和您聊上10分钟，和您探讨一下对您成功贡献最大的职业决策。成交吗？

邮件引起了杰克森的注意，他不仅立即回信安排了会面，还在比赛结束后发布了这封邮件的截图，并附上一条新闻链接，标题显示篮网队在最后时刻以104∶102险胜湖人队。达尔在推特上写道："星期一的时候，我收到了一名大学生的这封邮件，他提前预测了昨晚的比赛结果。这让我想起我最喜欢的克里斯·萨卡［亿万富翁投资人，真人秀节目《鲨鱼坦克》（Shark Tank）嘉宾］的一句名言，'这可能是幸运，但绝非偶然'。"当然，克里斯甚至不需要靠预测比赛结果的运气就能够争取到面试的机会，而大多数使用"比萨赌约"策略的人也是如此。（多年来我们自己花钱买比萨的次数可以用一只手数过来。）潜在客户通常会像杰克森那样做出回应，对创新力予以奖赏。

杰克森的推文被转发了数十次（包括萨卡本人），收获了1000多个赞和许多令人印象深刻的评论，比如"天哪！越努力，越幸运！"。克里斯成功地见到了杰克森，并最终得到了100大盗的实习机会，这只是他在那个学期收到的众多工作邀请之一。其中一个邀请来自我们，克里斯非常慷慨地在接下来的3个学期担任我们的助教！

当我们要求人们列举出一位优秀销售人员最重要的特质时，创新力很少被提及，甚至几乎从来没有出现。但对于拥有反直觉销售思维的销售人员来说，创新力是他们工作的关键部分。他们意识到，从创新的角度出发能带来巨大的好处，不仅可以提升工作业绩，还能改善生活质量。创新力使销售工作更具吸引力，让他们每天都能以全新的方式迎接有趣的挑战。我们发现，拥有反直觉销售思维的销售人员开始欣赏创新力中普遍被误解的一种观点，那就是，所有人都可以拥有非凡的创新力。

关于创新力的三个误解

对于创新性工作的第一个误解是，它仅适用于创意人士——艺术家、表演者、发明家，也许还包括能撰写出色文案和创作引人发笑的广告的那些市场营销人员和广告商。也许有些人还会将软件工程师和产品设计师纳入其中，他们构思充满未来感的产品，我们尚不知晓自己是否有此需求。至于销售人员，他们通常被视为将别人创造的东西推销出去并说服他人相信其价值的那群人。

与这种观点相一致，销售培训的重中之重是"怎么做"，比如为降低挂断电话的概率而设计的推销话术："按照我们说的去做就可以了。这些话术对其他人有效，所以肯定对你也有效。"然而往往事与愿违。一项研究发现，给陌生的潜在客户打销售电话仅有 2.5% 的"成功"率。根据我们的经验，很明显，摒弃创新力在销售中是行不通的，因为我们见过的最优秀的电话推销员，就是那些放弃销售话术、选择大胆创新的人。

人们喜欢用科学和数据驱动销售，将自身的成功和领英上的影响力归功于统计数据和公式。根据一篇文章，你必须每天打 50 个电话，并且每通电话平均要花费 9.6 分钟。这太精确了！也太荒谬了。如果这样的建议可以被称为科学，那简直就是对科学的侮辱，因为科学是你可以从事的最富创新力的事业之一。科学需要尝试从未尝试过的事物，验证那些看似疯狂的新想法，拒绝传统思维，并不断问"如果……会怎样？"和"为什么不？"，爱因斯坦说："最伟大的科学家也常常是艺术家。"

正如在科学领域，在销售领域，优秀的销售人员也善于尝试以前未曾尝试的方法，无论何时何地，他们尽一切可能发挥自己的创新力。他们喜欢构思原创内容，打造意想不到的体验，并重新思考那些有待突破的所谓销售规则。在与他人的互动中，他们乐于展现自己的独特个性，并用自己独特的声音进行沟通。这让他们保持投入，让销售工作变得有趣，并让销售业绩得到了提升。研究表明，创新力表现较好的销售人员的业绩明显优于创新力表现一般的。

对于创新力的第二个误解是，一些人之所以比其他人更有创新力，是因为他们是"右脑思维者"。"左脑逻辑右脑创意"的流行观念已被揭穿。根据顶尖创新力研究者和认知科学家斯科特·考夫曼的说法："创造过程涉及整个大脑。"神经科学表明，当我们从事创造性活动时，大脑中众多区域之间形成复杂的连接会被激活。事实上，科学已经证明我们所有人都具备丰富的创新力，创新的冲动被编入我们与生俱来的基因结构中。正如心理学家佩吉·奥伦斯坦所写："创新力不是一种罕见的天赋，它更类似于善良或同情心——是一种与生俱来的人类天性。"而且，我们越频繁地进行创新性思考，我们就越能够"激活"创新网络。换句话说，我们表现出的创新力越丰富，越能自然地做到这一点。

诚然，任何听过科林说唱或加勒特弹吉他的人都可以证明，有些人在创新性表达方面确实不如其他人那么有才华。为什么会这样，这是一个争议很大的问题。无论哪种类型的创新性工作，要产出最高质量的作品可能在极大程度上依赖天赋，但创意大师和许多世界上最受尊敬的艺术家——无论是作家、画家、作曲家、舞者、发明家还是设计师，都认同有意识的努力和对自己才能的不懈挑战是他们成功的关键。也许这是因为随着时间的推移，他们的大脑创新力神经网络始终保持活跃状态。这就涉及第三个关于创新力的巨大误解。

第三个也就是最后一个对于创新力的误解是，认为创新性等同于艺术性，并且必须以传统艺术作品的形式呈现，比如绘画或小说。这完全是错误的。我们所做的每一件事都可以用富有创新力的方式来完成，我们的日常生活提供了丰富的展现创新力的机会。心理学家露丝·理查兹是最具影响力的创新力研究者之一，她创造了"每日创意"的概念。她将创新力描述为我们的巨大潜力，并强调我们可以在写报告、上课、打理院子、修车等方面运用创新力。虽然我们可能认为发挥创新力知易行难，但理查兹表明，实际上创新力可能是知难行易。创新力是进化过程中的自然倾向，正如理查兹所写，它本质上与解决问题相关，而与艺术性无关。她这样写道："我们的创新力帮助我们处理问题和生存，并且帮助我们找到自己为何而存在。"即使是在我们日常的点滴小事中保持创新力，都会赋予其更多意义，这不仅对我们自己和他人都有益，而且也能给予我们更多的快乐。

激发创新力

研究显示，参与日常创新性活动使人们的自我评价更高，更努力工作，并过上更有目标的生活。一项研究要求参与者在13天内记录自己所有的创新性努力，无论其看起来多么微不足道。数百名参与者每天评估自己的创新力水平，同时记录自己的整体情绪。"日记中呈现出一种明显的模式，"研究人员写道，"在参与者更具创新力的那些天，他们表示自己更加热情和充满活力。"研究人员甚至发现，经常展现创新力能引发积极情绪，促进心理健康并增强生命力，这里的"生命力"被定义为"总体的意义感、目标感、参与感和社交感"。创新力还改善了我们的健康状况，许多研究表明创新性活动能减少抑郁、压力和焦虑，并增强免疫力。

你可能会问，为什么日常的创新性行为对我们有如此大的好处？幸福专家米哈里·契克森米哈赖认为，从进化的角度来看，创新力确实能够带来快乐，因为创新力对于抵御风险、改善生活条件并确保我们的早期祖先有最佳生存机会至关重要。他认为进化可能让我们"在发现新事物时感觉欣喜，无论它当下是否对我们有用"。事实上，每当我们见识新鲜事物时，我们的大脑都会释放出令人愉悦的"幸福"激素多巴胺和血清素。正如一位研究者所写的那样:"人们天生渴望意外之喜。"

这也说明了为什么他人会从我们的创新力表现中收获快乐。事实上,我们确实会被创新力吸引。一项研究发现,人们将创新力列为伴侣最理想的特质之一,而另一项研究显示,各行各业中有创新力的人都拥有更多的性伴侣。正是因为创新力对我们有着天生的吸引力,所以客户在销售过程中会倾向于选择那些拥有创新性思维的销售人员。

那么,既然日常的简单创新力就能为我们的生活带来如此大的改善,为什么我们中的许多人还要说服自己必须活在别人对我们的期待中呢?

我们的创新力被束缚了

很多人在早年的学校经历中,就失去了追求创新力的乐趣。如果你想看到天马行空的创新活动,请花点时间与一个快乐的四五岁的孩子在一起吧,孩子将为你上一堂关于想象力和创新力的大师课。我们曾见过自己的孩子用一个空的快递盒和一把牙签创造出的幻想世界!但正如心理学家肯·罗宾逊爵士在有史以来最受欢迎的 TED 演讲《学校是如何扼杀创新力的?》(*Do Schools Kill Creativity?*)中所悲叹的那样,孩子天然的创新的乐趣往往被分数的压力和因不遵守规则而受到的责备抑制。教育专家罗·贝葛多将其称为"创新屈辱",即扼杀一个人的创新力。

科林也有过一段刻骨的经历。他患有色觉缺陷,通常被称为色盲,他分不清绿色和棕色、蓝色和紫色(这解释了他收集紫色连帽衫的原因!)。二年级的一天,科林在美术课上被要求画天空中的太阳,他的老师走过来责骂他:"为什么天空是紫色的?天空应该是蓝色的。"如今,科林会辩称他才是那个看到真实颜色的人，其他人都是错的，所以幸运的是，科林重新找回了一些被压抑的创新力。

这种屈辱并没有止于小学。斯潘克斯创始人萨拉·布雷克里表示，她早期从未向任何人透露自己关于斯潘克斯的想法，因为她担心人们会轻视她的想法，浇灭她的热情。她害怕听到类似的评论，比如"这不就是裁去脚部的连裤袜吗？"或者"你的产品永远无法与紧身裤竞争"。幸好萨拉保护了自己，让自己免受这些扼杀创新力的批评，最终创造出了一个让许多女性因穿着它而感到自信的品牌。

许多公司采用"胡萝卜加大棒"的方式，希望通过奖金或佣金激励员工，这种方式在销售工作中很常见，但它也可能会抑制我们的创新力。哈佛大学创新实验室专家特蕾莎·阿马比尔强调："当人们主要受到兴趣、满足感和挑战驱动时，会表现出最大的创新力。"而契克森米哈赖在他的著作中也支持这一观点，他这样写道："创新力强的人在许多方面存在差异，但在这个方面是一致的——他们都热爱自己的工作。他们的动力并不是追名逐利，而是有机会从事他们喜欢的工作。"

唤醒你的创新力

那么问题是，我们该如何激发内在的创新力并将其运用于销售工作中？我们确信，你不必成为一个穿着勃肯凉鞋的潮人或是全身文满文身的艺术家（其实这两种我们都喜欢），当然你也不必创作一幅杰作或一部巨著。在我们的工作中以及与拥有反直觉销售思维的销售人员的许多对话中，我们发现了许多简单而有力的方法，可以让人们在销售的全过程中发挥更多的创新力。

让传统方式焕发新生

发挥创新力并不总是意味着完全原创。当吉他手斯莱史在演出中第100万次独奏《我的甜心宝贝》(*Sweet Child O'Mine*)时,他仍然能够找到方法让它听起来耳目一新。成功的画家通常会专注于同一种风格的作品,对其稍做调整并进行多次复制。我们的学生克里斯给100大盗发送的"比萨赌约"邮件模板并不是他原创的,但他在其中融入了自己的风格。同样的,我们发现许多拥有反直觉销售思维的销售人员在利用自己和其他人已经拥有的工具时,找到了更具创意的方法。

以领英为例,领英是最常见的潜在客户挖掘工具之一,人们使用它已经有很长时间,但我们仍然听说有人以新颖、富有创意的方式使用它,这些方式没有其他人想到过。我们曾与一位销售人员合作,他给我们留下了深刻的印象。他使用公司的客户关系管理软件,但他并不只是将其用于跟踪销售流程,而是生成了一份现有客户报告,其中列出了所有授权采购他公司产品的决策者。大多数人可能会想,他为什么要在现有客户上浪费时间?他们已经买了。没有销售机会了。但这就是需要发挥创新力的地方。他拿到了一份买家名单,并在领英上对其中所有人(有数百人)进行了交叉比对,以确认是否有客户在采购后跳到了新公司。果然,其中很多人都去了新公司。现在,他拥有一份名单,他知道上面有之前喜欢他公司产品的人,而他们所在的新公司尚未成为他的客户。他给这些人打了电话,不是从陌生的接触开始,而是以一个值得信赖和熟悉的声音出现了,最终成功地把其中一些人再次转化为客户。

利用新技术发挥创新力

随着新技术的不断涌现，真正具有创新力的销售人员会大胆尝试并思考如何将其运用于销售。一位名叫贾斯汀的销售人员在我们发表演讲后与我们交流，告诉我们他如何利用祝福网站小确幸（Cameo）来吸引潜在客户的注意。小确幸是一个个性化视频留言定制平台，在上面，用户可以购买名人的祝福视频。贾斯汀确信他的潜在客户符合他心目中理想客户的形象，因此他尝试联系了几次，但没有取得任何进展。随后，他想起自己在研究这位潜在客户时，发现他是得克萨斯大学橄榄球队的狂热粉丝。于是贾斯汀上小确幸找到了一位前得克萨斯大学长角牛队的橄榄球接球手，他接受视频留言定制，价格为30美元，贾斯汀购买了这项服务。这位接球手在视频里说："贾斯汀知道你热爱得州橄榄球，所以他联系我，让我来打个招呼，并请你看看是否能在日程中安排10分钟，了解一下他是否能够帮到你。勾住他们①！"

贾斯汀后来收到回复了吗？当然，而且他并没有花费太多时间或金钱。他的公司很乐意为接触到这个潜在客户为销售人员报销比30美元更多的费用。

当然，一旦有人想出了一个很好的利用技术的新方法，其他人就会纷纷效仿，不久后，你所带来的多巴胺刺激效果就会减弱。但就像那位提出"客户关系管理/领英"创意的销售人员一样，不要低估你能够想到的使用和结合技术的新颖方式，可以将旧与新、模拟与数字、加勒特与科林结合在一起。记住，谷歌创始人谢尔盖和拉里推出他们的搜索引擎时，根本

---

① 原文是hook'em，即hook them，直译为"勾住他们"，这是得克萨斯大学橄榄球队的加油口号。——编者注

没有想到他们最终会创建一家有史以来规模最大的公司之一，谷歌通过数十种产品创造收入，远远超越了他们最初的想法。任何对新技术的使用都需要不断优化，而"创造新事物"所带来的挑战正是其中的乐趣所在。

在销售中，人们往往只是简单地遵循强加给他们的交易规则。潜在交易的合同条款、付款条件、交货时间等许多方面似乎都被严格规定了。但你也许有机会找到方法来突破这些限制。

乔恩·达汉是创意机构思维媒介的首席执行官，他给我们讲了一个关于突破销售中的限制的绝佳案例。乔恩的一家消费类饮料客户通常都按时付款，但有一次，这个客户连续3个月都没有付款。"这些账单金额巨大，达到了6位数，"他告诉我们，"当我打电话过去时，他们告诉我他们没有付款的打算。"乔恩的第一反应是找律师，让律师以更强硬的方式要求客户支付款项。但他与团队讨论后决定，这么做不符合公司的价值观，甚至不符合他个人的道德观——乔恩和思维媒介把客户视为家人，他们从来不会以起诉威胁客户。

不久后，乔恩接到了一家第三方收购公司的电话。"很抱歉，"他们告诉乔恩，"但这家公司已经申请破产，无法支付您的全部账单。我们的团队将接管他们剩余的资产。"大多数人在这种情况下可能会陷入"受害者心态"（第三章提到过），但乔恩是一个天生的创新者。他问自己："我如何找到一个办法从中获得一些什么呢？"乔恩决定听听接管公司的计划。

接管公司的客户代表在交谈中说道："我们会按10%的比例向供应商付款，不会马上付清账单的总金额，不论你是谁或者你与上家公司的关系如何。接受还是放弃，你自己想想吧。"

"等一下，"乔恩回答道，"抛开钱的问题，暂且不考虑我们为旧模式下的公司所做的营销工作。你们对这个品牌的未来有什么计划？"

接管公司的客户代表告诉乔恩他们的想法。"那行不通，"乔恩坦率地告诉他，"之前的公司已经尝试过了。"乔恩不仅这样告诉他，还向他解释了之前那家公司计划失败的原因。乔恩向这位客户代表提出了极具价值的建议，说："我们为什么不重新开始呢？让我们一起创造这家公司。让我们看看商标和包装，看看营销方案和所有的一切，看看他们是否值得重新打造。"

"我希望客户知道我在这里是为了帮助他们，因为我真心想要提供帮助。"乔恩说道。为了证明这一点，他经常给客户打电话，出谋划策，介绍人脉，提供资源上的支持。最终，乔恩了解到新公司有一笔预算，新公司告诉他这笔预算"不是用来还旧账的，而是用于一同打造未来的。我们要做 3 件事情"。

乔恩有了一个主意。他说："好，这样行得通，我们可以帮助你们。第一件事和第二件事我们不收服务费，我们这么做是因为我们希望这个品牌能够成功。第三件事是需要付费的，我们会为你们做这项工作，同时也会计算费用，使我们接下来 6 个月的工作成果与旧公司之前欠我们的相等。"

公司代表惊讶地说道："你的意思是，你们会在接下来的 6 个月里免费工作，而我们所要做的就是偿清债务？就这么办吧！"乔恩巧妙地改变了新公司的思维方式，将之前旧公司欠下的钱视为对未来的报酬。随着时间的推移，乔恩和新公司一起重新打造了品牌，而思维媒介最终收回的账款远远超过了他们差点没有收到的欠款。

我们喜欢乔恩的故事，因为它结合了我们之前讨论过的许多概念。乔恩的故事涵盖了"成长型思维模式""乐观主义"和"团队合作"的理念。但此处相关性最强的是，他开创了一种推进的方式，即使这种方式似乎并不存在。有多少其他公司接到了和他一样的电话，然后接受了对方只支付10%的款项？可能大多数公司会接受，甚至是全部。但因为乔恩的创新力，他不仅收到了应得的钱，还收获了一个长期合作伙伴。

无论你身处哪个行业，无论你现在境况如何，像这样进行创新性思考就能产生影响力。在读了我们的手稿后，一位文学编辑告诉我们，她曾经成功说服一家古老的学术出版社同意与作者达成突破性的新协议。这里"古老"意思是，这家出版社拥有数百年的历史，多年来一直提供相同的基本条款。她是一位名不见经传的年轻编辑，她发现想要签下知名学者十分困难，这在一定程度上是因为该公司的图书定价比其他出版社要高得多。

随后，这位编辑有了一个主意。同一本书，出版社总是先出精装版，大约两年后才出平装版。几乎所有的精装版都被图书馆买走了，因为它们太贵了，个人读者倾向于选择等待更便宜的平装版。作者对此非常不满：他们希望尽快让尽可能多的人阅读他们的书。她想出的推销策略是有道理的：如果公司同时推出精装版和平装版，公司就可以更快地赚取更多的钱，因为大多数图书馆仍然会选择持久耐用的精装版。公司可以同时面向两个市场进行销售。她提出了自己的观点，并使用了收益预测，真诚地请求出版社为了作者的利益打破规定。她为管理层的赞同感到震惊，但当享有盛誉的作者开始纷纷涌向她时，她就不那么意外了。一个全新的创收模式诞生了，它改变了该社未来几十年的收益增长轨迹，而这一切都源于对一项"规则"简单的创新性思考。

如果花上一些时间进行创新性的实验，你很有可能会发现，找到"改写规则"和"摆脱限制"的新途径会让人们无比幸福。这种可能性只有在你专注于创新性实验时才会变得清晰。当我们说"实验"时，指的并不是你在大学做的那种实验，我们是在谈论让自己发挥创新力的机会，不抱任何目的，只是为了创新而创新，看看会发生什么。你可能会让自己感到惊讶。

我们还有在限制条件下发挥创意的能力。特蕾莎·阿马比尔有一个令人振奋的发现：在限制条件下工作实际上可以激发我们的创新力。她强调，有时缺乏限制反而会阻碍我们的创新，因为我们可能会陷入"分析瘫痪"。例如，给人一张白纸让他们在纸上画些什么，许多人会发现很难创作出什么东西。但是，如果给人一张画着一条曲线的纸，并要求他们结合线条画出一样东西，许多人就能轻松创作出富有创意的绘画作品。

即使是那些看似难以逾越的障碍也能激发我们的创新力。商业顾问迈克尔·梅进行了一项研究，在这项研究中，被试者要玩一个电脑游戏，他们必须找到迷宫的出口。其中一些被试者玩的版本中有一个障碍物挡住了最佳路径，而另一些被试者玩的版本中则没有这个额外挑战。那些必须应对障碍的被试者在随后的一项专业创新力测试中的得分比对照组高出了40%。迈克尔解释说："艰难的障碍可以促使人们解放思维，从宏观角度看问题，并在不明显相关的事物之间找到联系……这是创新力的一个重要特征。"

我们每个人几乎都会遇到这样的时刻，觉得公司把我们置于迷宫之中，给我们设置了各种各样的障碍，导致我们无法顺利完成工作，无论是烦琐的文书工作或官僚作风、相比竞争对手的劣势，还是普遍存在的基本资源或预算的缺乏。不幸的是，我们几乎很少或根本无法消除这些障碍，但是通常我们可以找到创新性的方法来绕过它们。想想 TED 演讲受欢迎的程度。演讲者在时间上受到严格限制，还有详细的指南告诉他们应该如何撰写演讲稿和发表演讲，然而他们却创造了一系列令人惊叹的改变思维方式的成果。成功的人选择拥抱新思维，他们接受挑战并突破限制。

把兴趣爱好带到工作中

几乎每个人在工作之外都有一些创新性的爱好，无论是写作、木工、手账、编织、绘画、演奏乐器还是做个网红（你知道自己的爱好是什么）。无论你的创新性追求是什么，都可以想办法将它融入你的销售过程。

有个销售人员做到了这一点，我们听说了她的精彩故事。这个故事来自常聘（Always Hired）销售训练营的首席执行官加布里埃尔·蒙卡约。这家公司对销售开发代表进行培训，并帮助他们在赛富时和约评（Yelp）等大公司找到工作。在加布里埃尔公司接受培训的人，他们的任务是让潜在客户接听销售电话，对于任何一个以销售为生的人来说，这可能是最具挑战性的任务之一。有一位名叫凯特的学员，她将自己对歌曲创作的热爱融入销售工作，以减轻工作的压力和负担。

工作之余，凯特是一名词曲创作人和吉他手。有一天，她一时兴起，创作并录制了一首关于为什么客户应该见见她的歌，并将其通过电子邮件发送给了潜在客户。很快，凯特就与更多客户安排了会面，比之前多很多。随后，她将这首歌发布在领英上，这首歌迅速走红。这个简单而有创意的行为不仅将她的兴趣爱好（和个性）融入销售流程中，而且最终引领她开启了一项新的职业，帮助其他销售人员在发掘潜在客户的过程中发挥创新力。

有句古话:"找到三个令你沉迷的爱好,一个能让你赚钱,一个能让你保持身材,一个能让你发挥创新力。"为什么不去寻找一种能将它们结合起来的方式呢?许多拥有反直觉销售思维的销售人员已经找到了一种方式,将赚钱的爱好和纯粹追求满足感的爱好融合起来。有些人把写作的热情转化为一种爱好,并通过写作技能成为一名出色的博主。还有人把通过销售培养出的结交朋友的激情用于创建播客。我们亲眼见证了将兴趣融入销售带来的益处。我们最初在观众面前谈论反直觉销售思维时,它纯粹是一种释放创新力的方式。我们完全没有想到它会变成课程、演讲和咨询业务,然后变成今天这本书。

找到有创新力的合作伙伴

大量关于创新力的研究表明,将不同人的观点和才能结合在一起,可以产生巨大的力量。合作能够减轻我们的压力,帮助我们摆脱思维局限,引导我们通过新的视角思考问题,而且坦率地说,这样也更加有趣。对我们两个人来说,让我们各自写一本这样的书绝对不可能。如果科林试图独自完成这本书,你只会读到一篇情绪激昂的言论,将Jay-Z语录作为整本书唯一的参考文献;如果作者是加勒特,你可能会因为书里涉及所有已知的科学期刊的神经学术语而昏昏欲睡。通过合作,我们能够分享彼此不同的观点,互相指出对方的不足,不断交流想法,互相取笑那些不太好的主意。我们也经常互相帮助,见证一个个不确定的想法有潜力转化成有意义的成果。我们享受一起克服写作障碍、寻找灵感、进行采访和共同创作的每一刻。

第八章 唤醒并激发内在的创新力,充分表达销售的艺术性

在我们领导的团队中,我们将这种协作创新力以"交易协作会议"的形式融入销售流程,这与蒂姆·桑德斯在他 2016 年所著的《交易风暴法》(Dealstorming)中倡导的概念类似。这种会议是我们的合作公司中最受欢迎的会议之一。每个月,销售团队成员都带着他们最有可能达成的交易参与会议,目的是寻找他们自己在处理交易时可能忽视的挑战和机遇,发现可能存在的盲点。这种会议的特别之处在于,销售团队不是唯一的听众。我们邀请非销售人员参会,听取他们对交易的意见。来自工程、产品、财务、人力资源、市场营销等各个部门的人员坐在一起,从他们的视角提供意见。此外,我们试图让组织中各个层级的人都参与其中,从高管到实习生。人员组成越多样越好。我们从销售人员讲述他们的交易开始,他们要描述进展顺利的地方,但更重要的是解释自己遇到的挑战。然后,团队共同努力想办法推动事情向前发展,并指出销售人员甚至可能没有考虑到的问题。

我们曾见过许多沮丧的销售人员将其交易带到交易协作会议上,然后有一个逻辑思维能力超强的工程师或富有创新力的市场总监提出了新想法将障碍完全消除。一个销售人员为了一个巨大的机会努力了一年多,他将这个机会带到了交易协作会议上。潜在客户已经同意了定制 IT 基础设施建设的价格,但在最后关头,客户却转头说自己的研究显示他可以用之前商定价格的一半搞定。客户表示将举办竞争性招标来选择供应商。销售人员已经给了这个项目极大的折扣,没有更多的降价空间了。潜在客户提出的新价格似乎令人难以置信。

在交易协作会议上,销售团队的其他成员告诉这位销售人员,要说服客户遵守他们已经做出的承诺。然后,一位结构工程师从会议室后方举手

发言道:"现在的钢材和劳动力价格比你给他报价时要高,而且还有可能进一步上涨。"销售人员看起来有些困惑。"这对我有什么帮助呢?"他问道。一位财务人员接着说道:"无论他是否意识到,你给他的报价已经很低了。我们了解竞争对手的定价方式,现在我们知道随着行业劳动力进一步短缺,他们的价格可能会更高。"工程师再次开口:"就对潜在客户实话实说,告诉他们随着原材料和劳动力成本的上涨,任何竞争对手提供的价格都不太可能比我们的更优惠,如果他们拖延太久,我们很有可能撤回当前的报价进行重新定价。"会议结束后,销售人员给潜在客户打了电话,告诉他们这些信息。只要买家通过接收到的最新事实重新审视报价,就会很快同意这笔交易。

团队合作会让销售变得更加出色。

让你的思绪漫游

近年来,神经科学领域最重要的发现之一是,让我们的思绪漫游成为灵感的巨大源泉。当我们谈到做白日梦或者所谓的"思绪漫游"时,通常会带有负面的含义,似乎我们让思维离开手头上的事情是不负责任的行为。事实证明,思绪漫游有独特的方法,并对我们非常有益,如果我们让思维自由发散,那么我们的思维在清醒时间里的47%都在"漫游"。这是我们大脑的默认偏好,也是为什么负责思绪漫游的神经网络被称为"默认模式网络"。这片神经网络的持续活动会使我们在进行几乎不需要集中注意力的活动(比如洗澡、开车和散步)时闪现灵感。斯科特·考夫曼将"默认模式"称为"想象网络",他建议我们定期留出时间让思绪漫游,比如在工作日每小时休息5分钟进行思绪漫游。露丝·理查兹也推崇这种做法，她建议我们"有意识地'放松控制'，让我们的思绪自由流动一段时间"。

首先，让我们回想一下你面临的挑战，然后停止对它的关注，让思绪自由流动。如果你能出去开车兜风，穿上跑鞋去跑步，或是泡个热水澡，那就更好了。我们采访过一位作家，她告诉我们，她每天早上花半个小时盯着墙壁，一边喝咖啡一边让思绪漫游，她坚信这是她找到创作章节开头、融入令人意想不到的故事和引人入胜事实的最佳创意的秘密，这使她的书更加生动有趣。

戴上"六顶思考帽"

培养创新性思维的最后一种方法是使用"六顶思考帽"法，爱德华·德博诺博士在《六顶思考帽》（*Six Thinking Hats*）一书中对此做过介绍。这个练习要求你从六个不同的角度考虑一个问题。其基本原理很简单：对于任何需要解决的情况（比如，如何在喧嚣的环境中与更多客户建立联系），你戴上不同的帽子（比喻性的，除非你的衣柜里有一堆五颜六色的帽子，如果真是这样，那么你和加勒特家的五岁孩子、科林就有了共同之处！）从不同的角度审视这个情况，你通常不会从这些角度看问题。通过这样的方式，许多人能够比仅从一个或两个角度看待情况时提出更多的创意。保成保险（Prudential Insurance）、国际商业机器（IBM）、联邦快递（FedEx）和杜邦（DuPont）这样的大公司都使用"六顶思考帽"法来培养员工的创新力，并因此获得了可衡量的投资回报。

这六顶帽子分别如下。

⛛ 蓝帽子：广泛思考。什么是最佳整体解决方案？
⛛ 白帽子：客观思考。有什么事实？
⛛ 红帽子：情感思考。你的感受告诉你什么？
⛛ 黑帽子：消极思考。解决方案中哪些元素不起作用？
⛛ 黄帽子：积极思考。解决方案中哪些元素起作用？
⛛ 绿帽子：创新性思考。有哪些替代的想法？

从这六个不同的角度思考你自己的销售过程或面临的挑战，可以释放出一些平常无法获得的创新力，从而产生一些很棒的想法。

人们常说销售既是科学，也是艺术的一部分。在销售过程中允许自己发挥创新力，有助于确保我们不忽视销售中的艺术性。发挥创新力对结果有益，而且对那些天生厌恶"销售"的人来说，它使销售工作变得更加有趣。

发挥创新力还让我们的工作更有意义，使我们感觉自己的存在更有意义，更多地展示自我，对自己有更深刻、更全面的认识。露丝·理查兹指出，创新力让我们在生活中感受到更多的意义，她写道："我们的创新力帮助我们……找到自己存在的意义。"这就引出了反直觉销售思维最后一个独有的特征：受使命感驱动。

第九章

设定目标，达成目标

所有销售工作都需要有具体明确且有意义的目标,但业绩目标不是驱动销售人员前进的唯一动力。当我们通过反直觉销售思维设定使命导向目标时,就能够发挥自己的潜力,改变与客户之间的互动方式,赋予销售更大的意义。我们会不断提醒自己,销售不仅是完成交易和达成业绩目标,它还可以成为强大的行善工具,能够对这个世界产生巨大影响。

当我们和一群销售人员交流时,我们最喜欢做的事情之一就是向他们提问:"你们当中有多少人有目标?请举手。"几乎每个被问到的人都会举手。然后我们说:"没有把目标写下来并经常回顾的,请把手放下。"此时,通常大部分人会把手放下(在一个诚实的群体中)。然后我们说:"现在,没有明确具体目标并把目标写下来的,请把手放下。"此时,通常只有极少数人还举着手。最后,我们试图拯救一下局面。"好吧,如果你们已经明确了自己的目标,即使没有把它写下来,你们也可以把手举起来。"当人们意识到很少有人明确了自己的目标,也就是他们从事这项工作的原因时,他们会不自在地笑一笑。那些依然举手的人,也就是那些明确了自己目标的听众,几乎总是群体中表现最出色的那几个,这并非巧合。

关于这一点,最好的例子之一就是奥普拉·温弗瑞,她绝对是拥有反直觉销售思维的人的精神领袖。虽然奥普拉不是一个以销售为职业的人,但她成功地销售了更多的产品,推动了更多企业实现增长,并参与制造了比其他任何人都多的百万富翁。要衡量她的经济影响力是不可能的,但毫无疑问,这个数字应该达到了数百亿美元。

奥普拉的"点金手"非常出名,甚至有一个专门的名词来描述这一现象,那就是"奥普拉效应"。投资者开始声称她的背书必然会使销量飙升,无论是她推荐过的人才（如瑞秋·雷、菲尔博士和内特·伯库斯），她分享过的爱用物品，还是她推荐过的书，奥普拉的"推销"捧红了很多人，也让很多产品一夜成名。她推荐的书霸占了畅销书榜单，其中22部作品曾在她推荐后的几个小时内就登顶了畅销书排行榜。2015年，有消息称奥普拉将持慧俪轻体（2018年更名为WW国际）10%的股权，该公司的股价在一天内上涨了105%。

可以说，奥普拉是有史以来最伟大的销售人员之一，然而几乎没有人会说她是一个"销售人员"。问题是，她是如何在没有被贴上"自私狡猾的销售人员"这样一个标签的情况下，以如此巨大的影响力销售了这么多东西的？奥普拉被认为是真诚的，并因其销售热情受到尊敬，而不是被贴上"操纵者"的标签。当我们深入研究奥普拉的采访和其他关于她生活的故事时，我们意识到，就像其他拥有反直觉销售思维的人一样，奥普拉之所以能够做到这一点，一个很重要的原因是她每次销售都出于一个具体、明确、有意义的目标，这个目标是她沟通的灵感，为她指引方向，推动她不断前进。

奥普拉曾经说过，年轻的时候，她就早早意识到了自己的目标，也就是她认为自己命中注定要做的事情，那就是"成为一名教师……激励学生超越自我"。通过这个视角来看待奥普拉所做的一切——创办电视节目，亲自挑选她相信能给人们带来快乐并改善生活的产品，激励他人成长和进步——你会发现，奥普拉一直在坚持初心、坚守使命。她不断地"教育"观众，激励他们相信自己并勇敢追求自己的目标，她亲身示范，不断激励自己去应对新的挑战，从成为一名演员——出演第一部电影《紫色姐妹花》（*The Color Purple*）获得奥斯卡最佳女配角提名——到制作电影、发行杂志和创办脱口秀节目，再到在南非开办一所女子学校。奥普拉的目标似乎与她的使命完美契合，这增强了她的真实性，也赋予她极高的信誉，并在她的粉丝中建立起深厚的信任。奥普拉提倡设定高目标，但也仅限于符合更高人生目标的那种目标，她认为这是她成功的原因之一。

奥普拉在电视上吸引观众的能力看起来似乎是与生俱来的，但她成为超级巨星的过程并不是一帆风顺的。事实上，奥普拉曾经被一家巴尔的摩的电视台解雇，当时她在那里担任新闻播报员。正如奥普拉在史密斯学院的毕业典礼演讲中回忆的那样，直到30岁那年，奥普拉在芝加哥的一档新节目中采访白人至上主义光头党成员时，她才顿悟了。奥普拉原以为把他们请到节目中能揭示出他们信仰的丑陋，但当她注意到他们在她提问时面带讥笑，她意识到他们正在利用她的节目宣传他们令人憎恶的意识形态。那一天奥普拉下定决心："我将不再被电视节目利用，我要想办法让电视节目为我所用，将其转变为一个服务平台。"她回忆道，"我对我的制片人说，我只会做与我的真实观点相符的节目……我不会弄虚作假。"

正如我们现在所知，反直觉销售思维的每一个要素最终都回到了真实性的力量上。我们在最终章回到这个主题非常合适，因为当我们销售时，了解驱动我们的目标，明确我们想要产生的影响，这是我们在生活的各个方面始终保持真实的动力。

销售工作中最困难的一点是，很多时候我们的目标是由他人设定的，通常以销售额或收入指标的形式呈现。对于许多销售人员来说，这些财务目标可能会让他们感觉这就是销售的终极目标，有些人口头上强调的"要建立关系"或"为他人服务"只是随便说说而已。

对于非销售岗位的销售人员来说，财务目标也是一个令人望而生畏的存在。在市场营销中，所有的活动都与收入挂钩。初创企业的创始人在推销他们的创意时寻求资金的支持，无论其是来自投资者还是客户，在董事会上推销他们的故事也是如此。工程师必须证明他们所构建的产品对业务的影响。在面试中推销自己时，我们不仅要证明自己有能力为公司做出贡献，还要争取一定的薪酬福利。慈善工作中的销售主要是为了募捐。在某种程度上，一切都是为了钱。

需要明确的是，追求财务目标本身并没有任何问题。如果没有销售，灯光就不会亮起，人们就无法保住工作。在许多组织中，顶尖的销售人员是收入最高的员工，这是理所应当的。奥普拉通过销售赚取了数十亿美元。我们采访的许多人也因此获得了改变生活的经济回报。问题在于，财务目标变得如此重要，甚至超越了我们销售的真正目的，笼罩在我们头上，让我们感到焦虑，并使我们表现得像我们不想成为的销售人员。

许多出色的销售人员一再告诉我们，财务目标固然重要，但并不是驱使他们前进的动力。相反，他们将销售视为实现对自身和客户至关重要的目标的催化剂。他们不沉湎于给自己的绩效目标加压，这些目标通常都与数字有关，如营收目标、使用度指标、计费时间、新增用户数、筹款金额等。他们关注实现目标的质量，无论是对自己还是对别人，他们设定的目标都是由特定的使命感激发和驱动的。

我们将这些使命感驱动的目标称为使命导向型目标，用它们来取代传统的目标（无论是财务目标还是其他目标），将会对你的成功产生巨大影响。它们将改变你与客户的互动方式，激励你去做其他人不愿意做的事情，并让销售工作更有意义。

当目标设定出现偏差时

传统销售目标的一个问题在于，它们被用作激励手段来向我们施压，这些手段暗示我们，如果没有这些目标，我们可能就没有足够的自我动力。尽管与我们所面临的众多绩效指标挂钩的激励措施可以激发动力，并且能够确保绩效最佳的人得到认可和理想的报酬，但是对许多销售人员来说，这种方式适得其反，他们不是被渴望激励，而是恐惧。这是因为目标往往是不切实际的，由高层设定，他们很少或根本没有从实际执行人员那里听取意见。有时，设定目标的人不了解完成工作所需的时间、所需的专业素质或需要克服的障碍。销售目标往往是根据公司设定的更大目标逆向计算并拆解出来的，以满足投资者和市场分析师的绩效要求，而不是基于实际结果进行的自下而上的评估。《哈佛商业评论》上一篇关于销售目标失真的文章写道："我们经常看到公司层面的销售目标基于一厢情愿而非市场调研。"讽刺的是，这些不切实际的目标可能会导致不佳的成果，正如作者所强调的那样。他们引用了一家计算机硬件公司的案例，该公司为销售一条新的服务器产品线设定了一个不切实际的目标。销售团队意识到无法达标后，就不再尝试，而是将注意力转向其他他们知道能够达到目标销量的产品上。

选择忽视不切实际的目标被称为"完成偏差"，即感到不堪重负时，我们会倾向专注于完成相对容易的任务，而不是将时间花在更困难、更重要的任务上。这可能表现为花费过多时间查看电子邮箱，秒回不紧急的消息，群发邮件而不是根据客户情况有针对性地沟通，处理琐事而对重要任务置之不理。在实现定量目标方面，完成偏差可能导致人们过分关注唾手可得的胜利，而忽视能够产生重大影响力的机会。

在研究这个问题时，研究人员注意到了一件事，即医生会优先选择治疗病情较轻的患者，因为他们可以更轻松、更快速地治疗，而病情较为复杂的患者则需等待更长时间才能得到治疗。这是一个很好的例子，说明了绩效指标的缺陷：从表面上看，医生提高了工作效率，成功治疗了更多的患者，但实际上他们可能将病情更为严重的患者置于健康风险之中。

销售人员并非天生狡诈。当达成销售目标的压力很大时，通常情况下，对于无法达标的恐惧感会占据上风，导致人们采用强硬或不道德的手段。正如前述，回归刻板印象会让他们感到羞愧和恐惧，担心被看穿，进而对客户和公司造成真正的伤害。在一个备受关注的案例中，成千上万（是的，成千上万！）的富国银行员工创建了数百万个虚假的信用卡和借记卡账户，并向客户收取虚假费用，试图"达到不切实际的销售目标"。这种做法最终导致富国银行被迫支付 30 亿美元的罚款。所有这些员工天生就是坏人，就是不诚实的欺诈者吗？这几乎不可能。美国司法部调查得出的结论是，他们屈服于管理层的过度施压，以达到新增账户的目标，并且许多人确信自己所做的事情对客户有利。这个案例非常极端，以至于最终被曝光，但是无数人为了实现目标，正在遭受严重而常常令人束手无策的焦虑，他们对未达成目标感到羞愧，并因未能完成工作而自责不已。

在传统销售中，由于佣金提成制度的存在，目标常常让人压力倍增。我们知道有些销售人员喜欢这种压力，而且乐于接受；但我们也见过销售人员在进展不顺利时崩溃的情况。事实上，实现佣金目标可能是销售中最具心理挑战的部分。

即使绩效目标是现实可行的，也可能产生负面影响。在一题为"目标失控"（*Goals Gone Wild*）的论文中，作者警告说："设定目标造成的系统性伤害一直被忽视。"研究表明，对许多人来说，如果他们被灌输应该受到金钱奖励驱动的想法，他们工作的内在动机就会被削弱。回顾一下我们之前说的，内在动机比奖金等外在激励更有力量，更能带来满足感。加勒特的一个朋友对自己在新工作中面临的复杂绩效目标和激励奖金非常反感，她在晚餐时对加勒特大声说道："他们把我当成迷宫里的老鼠！我不需要一块奶酪来激励我。我想做好我的工作，因为我想把它做好！"

警惕"快乐水车"

积极心理学研究证明，在基本收入得到保障的情况下，获得物质收益对提高生活满意度的效果被过分夸大了。科林在 20 多岁时就意识到了这一点，当时他的一个重要目标，也是他认定的成功标志，就是每次外出都能买一双全新耐克"空军一号"运动鞋。在那个时代，嘻哈文化中成功的表现就是同一双"空军一号"从不穿两次。一旦鞋上出现皱褶或一点污垢，鞋子就不再有型，它们就该被淘汰了。所以当科林在销售事业上小有所成时，他买了几十双"空军一号"运动鞋。（顺便说一句，这就是为什么由加勒特管理我们公司财务！）

问题是，科林实现买鞋目标后，几乎还没来得及享受成就感，就意识到如果他有一辆新车，那么他的新鞋会看起来更加有型。他的新目标是买一辆凯迪拉克凯雷德（他现在承认自己是一个老古董！）。但是，当科林实现了凯迪拉克目标，开着车回到公寓后，他意识到一辆酷炫的车子停在一栋酷炫的房子前才是真的酷炫。科林一直追逐着物质的外在奖励，但这些奖励本身并不令人满足，反而使他越来越专注于追求更多的物质奖励，一直到他实现自己一生的目标——买一栋属于自己的房子。最令人难过的是，作为一个在公寓里长大的孩子，他唯一想要的就是一栋房子，所以他认为这就是他的终身所愿。然而，在签约交房仅仅一周后，科林开始为自己刚花了多少钱以及如何攒更多钱用于退休而倍感压力。他花了一辈子去追求某样东西，并且终于得到了，然而只庆祝了不到一周，他就开始考虑下一个可能还要等待 30 年的目标——如果他真的会退休的话！

绩效目标本身存在悖论：你花费了大量时间和精力去追求它们，但就像科林一样，一旦实现了，你可能会想："就这？"在 2020 年的纪录片《美利坚女士》(Miss Americana) 中，泰勒·斯威夫特让我们看到，即使是世界著名的流行歌手也无法免受这种感觉的影响。谈到第二次获得格莱美奖年度最佳专辑时，她说："就是这样。我的生活从未如此美好。你实现了想要的一切，你登上山顶，环顾四周，然后心里想'天啊，接下来该怎么办？'。"泰勒表达了一种不知道接下来该做什么的空虚感。

在积极心理学中，研究人员解释说，过度关注物质奖励会让我们陷入"快乐水车"的困境，这"意味着人类倾向永不停止地追求快乐"。这个观点是，尽管我们认为物质收益会带来持久的幸福感，但是，不管我们从快乐（无论大小）中汲取了多少幸福感，我们的幸福指数都会回到基本水平。（顺便说一句，负面经历也是如此。）这种回归平均水平的倾向就是为什么从长远来看追求快乐主义如此令人欲壑难填。你不断追求快乐（即实现目标时的多巴胺刺激），以为这会带来幸福，但实际上你只是原地奔跑，而不是朝着真正提升幸福感的方向前进。

心理学家表示，摆脱这种循环的方式是停止关注外在的、物质化的目标所带来的短暂快乐，开始努力实现具有内在动机和持久意义的目标。这样做是永久提升幸福感基本水平的最佳方式。如果我们不觉得自己从事的工作本身令人满意，我们为此获得的物质报酬最终会失去提升幸福感的力量。

在这里重申，我们并不是说辛勤工作后获得合理报酬是个问题，事实上，我们完全认同这一观点。我们也并不是说，所有的佣金结构和基于激励的奖金制度本质上都存在缺陷——设定切合实际的公司目标，并给予为实现目标而努力的员工适当的奖励，是正确的做法。那些拥有反直觉销售思维的人已经发现，关键在于我们不应该追求纯粹的定量目标，我们的贡献应该与更重要的事物联系在一起。

当我们全身心投入工作，并从中获得更深层次的满足时，我们会产生更多正向的幸福感。然而，过于强调达到量化目标的压力常常使我们忽视工作中更有意义的方面。其中许多方面很难衡量，即使可以衡量，公司也没有制定相应的方案。当我们不断提醒自己必须实现销售目标，否则就无法支付房租时，我们会感到自己没有时间享受与现有客户和潜在客户的交流，没有时间建立可能不会立即量化"回报"的关系，没有发挥创新力的空间，也不能集中注意力实现目标。

出于所有这些原因，学术论文《目标失控》的作者指出："应该有选择性地设定目标，附带警示标签，并进行密切监控。"然而，并非所有类型的目标都需要标签。如果我们设定以使命感为导向的目标，它们可以激励我们并提供我们所寻求的满足感。

在销售中，目标有着非凡力量

在我们的采访中，我们经常听到王牌销售说，他们的动力来自一个特定的目标，这个目标每天激励他们追求与之相关的每一个增量目标。他们强调，这是他们热爱销售的关键原因之一——销售是完成对他们真正重要的事情的有力手段。然而，与其他人相比，真正使他们与众不同的是，他们能够轻松地向他人明确表达自己的目标。当我们采访全球科技巨头艾特莱森（Atlassian）的首席营销官罗伯特·查特瓦尼时，我们并没有特意询问他的目标，但在我们对话的前3分钟，他明确表达了自己的目标及其对自己职业成功的重要性。"当我感到最充实、最快乐时，我从事的工作与我的目标是一致的。"他告诉我们，"20多年来，我的目标一直是与高绩效团队合作，打造有意义的企业，为世界创造希望和机遇。"他在职业生涯中设定的每个目标，承担的每个任务都受到这个目标的影响。"我可以在任何行业、任何类型的企业、任何类型的职位上工作——只要与这个目标一致，我就感到自己正在茁壮成长。"

查特瓦尼并不是我们采访的唯一一个以目标驱动事业的成功人士。影响力营销传奇人物乔恩·韦克斯勒告诉我们："我一直认为明确的目标至关重要——它能定义你的每一步行动，并为你做出的每个决策提供依据。"这种倾向在我们采访过的目标明确的人中表现得非常明显。我们在第五章中遇到的从销售员转型为企业家的埃米·沃拉什说，她的工作伙伴是推动她前进的动力。她告诉我们，她的目标是"通过言行一致，将自己20多年来收获的经验传递给他人，让销售生态系统变得更好。"喜剧演员斯穆夫说："我的终极目标是让人们快乐，让他们笑，给他们留下美好的回忆。"娱乐行业高管亚力克斯·阿文特说，他的目标是"创造一种让我的灵魂与他人产生共鸣的氛围，让信任成为情感的主导。无论我是与一个人还是与 100 万人交谈，我的目标是建立真正的联结"。

这不仅适用于我们采访过的人。《心怀崇高的使命去销售》（*Selling with Noble Purpose*）的作者莉萨·厄尔·麦克劳德通过一项针对王牌销售的大规模研究发现，排名前 10% 的销售人员有一个显著特征，那就是对特定目标极其专注且认知清晰。

被使命驱动而不仅仅是达成交易和实现目标，可以让你认识到，销售能够改善客户的生活进而让世界更美好。我们曾经采访过一位银行经理，她选择在一家规模相对较小、以社区为基础、专注于小型企业贷款的银行工作，因为她的动力是帮助当地企业主和他们所在的社区。我们可能认为银行是典型的以赚钱为目标的行业，但这位银行经理将她的银行视为支持企业主的重要渠道，这些企业主能够满足社区的迫切需要。对她而言，她为企业发放的每一笔贷款都充满深刻的意义，而不仅仅是为了提升业绩。我们的作品经纪人的目标是帮助作者策划和推销图书选题，为他们提供平台，把他们的新思想和有价值的信息传递给世界。而我们之所以如此热爱教学，是因为每周我们都能通过学生的作业、问题、顿悟和工作机会看到我们对他们产生的影响。他们每周都在推动我们前进。

设定使命驱动的目标

我们都应该设定能够激励自己的目标，但是我们设定的任何目标都应该与完成我们的使命密切相关。就像我们的系统（比如每天回顾我们的目标）有助于推动我们完成目标一样，我们的目标也有助于推动我们完成使命。我们甚至建议像目标设定专家那样将目标写下来。这种方法屡试不爽。几年前，当我们决定携手改变世界对销售人员的看法时，我们聚在一起，写下了一份非常具体的目标清单，包括退出百特姆，以从事我们最热爱的工作，指导他人在销售工作中找到意义，在观众面前演讲，与尽可能多的人分享我们的使命，以及为大出版商写一本书，以实现大规模的改变。需要特别注意的是，上述每一个目标都涉及向我们销售有意义的东西——一家公司的潜力（我们对此深信不疑）、我们对课程的想法、本书的概念，以及内心深处的我们自己。

说实话，我们认为自己设定的某些目标高得不切实际，但对我们来说，努力实现这些目标的过程更有意义，因为它们与我们的使命紧密相关。达到目标所花费的时间越长，我们就有越多的时间去发现完成使命的新方法。我们的使命是改变令人反感的销售刻板印象，从实践和理论的角度，让人们真正理解销售工作的意义和价值。使命感让所有的努力、所有的起伏和所犯的错误都充满价值。在工作的过程中，我们发现自己迈出的每一步都是有意义的，而且几乎总是乐在其中。现在，我们已经将打趣对方、传播我们的经验以及多年来不计回报的事情变成了一项事业！我们没有预料到会萌生这种使命感，我们很幸运，因为我们彼此互相帮助，这让我们意识到我们对于追求这个目标的渴望。

明确使命驱动的目标是非常有效的，原因之一是它具有激励作用，即使在困难时期也是如此。它能让你享受整个通往目标的过程，而不只是关注结果。在追求目标时，我们也有同样的体会。如果我们只设定绩效目标，就会在整个销售过程中持续体验挫败感，直至达成目标的那一刻。但是如果我们明确了以使命为导向的目标，为过程庆祝就会变得很容易，因为每一次胜利和每一次失败都是值得庆祝的时刻。

许多销售人员这样告诉我们，他们在工作的每个环节都看到了自己的目标：交易和拒绝、令人惊喜的完美客户和令人头疼的讨厌客户、在销售的全过程与客户建立的必然联系。有了目标，销售中的恐惧感和匮乏感消失了，因为成功和失败成为更大目标的一部分。销售人员感觉这些事情都是有意义的，因为它们确实如此。紧张感来临时恰恰是验证目标是否实现的好机会，因为这种紧张感是实现目标的机会，是你从事这份工作的原因。

这反映了使命驱动型目标的一个被低估的优点：这些目标使你更加高效。你将有更强的韧性，因为你有内生动力继续努力实现自己设定的目标。这是关于企业使命研究的另一个发现。正如莉萨·厄尔·麦克劳德指出的那样，商学教授瓦莱丽·古德进行了一项研究，调查了那些在工作中表现出明确目标意识的销售人员，发现他们更具韧性，并付出更多努力以实现目标。当一个销售人员的目标是在一天内给陌生人打50个推销电话，而他们已经被挂断或被拒绝了41次，如果他们真正相信其中一个接听电话的人将使他们离自己的目标更近一步，那么他们在拨打最后9个号码时会更有动力和热情吗？根据经验我们知道，这些对话与那些仅仅为了完成工作任务的销售员打电话时的对话完全不同。

当销售人员设定使命驱动型目标时，他们也更容易做出决策，因为与其目标不一致的选择会被自动排除。你不会为任何一份工作参加面试。你不会接受来自任何人的风险投资。你甚至不必考虑是否要使用某种狡诈的销售策略，或者做出一些不太符合自身道德观或伦理观的事情。如果一件事情与你的使命不一致，你就不会做。

我们曾经有一个赚大钱的机会，是为一家业绩出现停滞迹象的大型软件公司提供咨询服务。公司的首席营收官希望我们能整顿他们的销售团队。在与他讨论情况时，我们意识到问题可能在于公司的首席执行官，他的强硬风格和对增长不切实际的执着给首席营收官带来了巨大压力，而后者又给销售团队施加了过多压力。我们要求与首席执行官会面，以了解他对此问题的看法，很快我们明白，这位首席执行官为自己打造了基于恐惧的销售文化而感到自豪。事实上，他希望我们加强这种文化！这违背了我们的使命和目标，所以我们怀着尊重拒绝了这个机会。

明确使命驱动的目标还有助于克服完成偏差。加勒特的一个朋友是一家科技公司的首席执行官，他用一个问题来表明他的目标："此刻我能做些什么来最好地服务自己和他人？"他每天都在问自己这个问题，这种方式效果很好。他不再浪费时间用手机刷照片墙，转而观看有教育意义的 TED 演讲。他不再通过回复无关紧要的电子邮件来拖延时间，而是主动联系一段时间没有交流的合作伙伴和客户。

西蒙·斯涅克在《从"为什么"开始》(*Star with Why*) 一书中强调了明确目标的另一个益处，他用"芹菜测试"的例子说明了这一点。如果你去超市购物时，将芹菜、米乳这样的健康食品和奥利奥饼干、M&M 巧克力豆这样的垃圾食品放在同一个购物车里，没有人能看出你的目标是什么。你没有被明确的目标引导。但是，如果你真把"健康的生活方式"作为你的目标的一部分，那么你的购物车里只会有与这个目标相符的物品。你不会浪费时间寻找与自己目标不符的物品，也不会浪费金钱购买你实际上不需要或不想要的东西。如果你能有效地传达自己的目标，并且人们能够理解你的目标，那么你将更有可能获得那些可以帮助你达成目标的人的支持，因为他们会清楚地知道对你来说什么是重要的。正如斯涅克所说："购物车里只有芹菜和米乳时，人们（看着你购物车里的物品）就能明白你是一个很注重健康的人。"运用反直觉销售思维时也是如此。通过明确你的目标，你将神奇地吸引到比其他人更多的客户、合作伙伴和推荐人。

在我们身上也发生过类似的情况，当时我们正坐在一家餐馆等着吃晚餐，邻座的一位女士称赞科林的鞋子非常好看（告诉你们这些运动鞋爱好者吧，是耐克板鞋系列中隐藏了麂皮设计的夏威夷印花联名款）。科林向这位女士表示感谢，并说道："尽管我想把这些鞋子收到的所有称赞都归功于自己，但我们班里的大学生经常激发我的选鞋灵感。"意识到我们并不完全符合大学教授的刻板形象时，这位女士带着和大多数人一样不可置信的表情问道："什么？！你们是教授？！"在接下来的交谈中，我们谈论了我们的课程、我们的书、我们的业务，以及其他各种事情。当我们通过自己的目标视角谈论我们热衷的事物时，这位女士突然说："我愿意提供帮助！"她告诉我们，在她的工作领域，销售的真实性至关重要，而她受到了启发，希望将这一观念传递给其他人。

她的工作领域实际上是公关行业，杰西卡·夏基塔诺在公关巨头罗杰斯 & 考恩公司（Rogers & Cowan PMK）产品营销部担任领导职务。在随后的几个星期甚至几个月里，杰西卡介绍我们认识了一些体育界和娱乐界的重要人物，因为她相信他们是运用反直觉销售思维的完美典范。最近我们又联系上了她，她说："我必须告诉你，每当我与别人谈论你们的书时，它都会提醒我目标和使命有多么重要。我想要提供更多帮助，让我帮你们推广，你们不必付我报酬！"因为我们了解自己的目标，所以能够将它准确传达给杰西卡。她则从我们的目标中看到了她的使命,这让我们开启了一场原本不可能发生的合作。

知易行难:了解自己的使命

事实是,如果没有强烈的使命感,你就无法设定以使命为驱动的有意义的目标。多年来,无论是在图书、电视节目、文章、博客还是播客中,专家一直强调使命感的重要性,然而当我们要求人们描述自己的目标和使命时,大多数人都感到困惑。事实上,明确表达你真正的使命(而不是像"我的使命是为他人服务"这样的泛泛之谈)可能很困难。部分原因在于我们被过多有关物质成功标志的无益文化信息所包围。另一部分原因是,在生活中,我们被告知自己的使命应该是什么:取得好成绩,组建幸福的家庭,过上美好的生活……这些都是非常值得称赞的目标。但它们并不针对我们存在的某个特定方面,也不是我们真正想要展现和培养的内生动力。

我们的一位学生认为大四是改变她人生命运的一年,这一年,她设定了一个目标,就是找到一份工作,她认为一旦实现了这个目标,就会感到幸福。但令她惊讶的是,当她最终获得了一份不错的工作时,她发现自己感到恐惧和迷茫,并不快乐。她无法接受这种所谓的"幸福"就是事情的终点。她很快意识到,要获得真正的幸福,需要的是一种源自内心、更根深蒂固的东西,而不仅仅依赖于外部因素。

我们询问她的使命是什么以及为什么选择这条道路,她在定义自己的使命时遇到了困难。接下来的几周,她进行了一番内省,试图明确自己的使命,她后来的转变令人难以置信。她从"仅仅"将自己视为一名大四学生，拥有一份市场营销工作，变成了她自己说的"一个女儿、朋友、艺术家、喜剧演员、学生、教师、网红、教练、历史学家、创业者、厨师和市场营销人员"。她意识到，大多数人在生活中的某个时刻都会发现一个真理：我们擅长的并不一定是我们注定要做的事情。最终，她确定了一个有力而明确的使命：为那些没有发言权的人发声。她认识到这一使命是持久的，无论她是否实现了自己的目标，她都可以将其作为持续前进的动力。她创建了一个在线新闻栏目，把它当作副业，这最终为她带来了收入，让她与志同道合、具有类似使命的人建立了联系。她继续在市场营销领域中努力开拓，并致力于促进社会公平的事业。

那么，如何定义自己的使命，然后明确一组有意义的、以使命为导向的目标集呢？我们发现以下三个练习非常有效，以至于我们几乎将其应用于所有的客户和学生。

问自己三次"为什么"

首先，问自己一个显而易见的问题：我的使命是什么？一旦你有了答案，就像一个五岁的孩子一样，基于答案，继续问："为什么？"① 当你得到下一个答案时，再次回到幼儿模式，问："为什么？"然后像一个坚持不懈的孩子那样，再次追问："为什么？"回答第三个为什么的时候，你会更加清楚自己的真正的使命究竟是什么。（温馨提示：你可能想让别人问你这些问题。我们发现，不同的观点可以带来更有针对性的"为什么"，

---

① 据我们所知，这个概念最早由丰田佐吉在20世纪初提出。他称之为"五个为什么"。我们通过经验得知，对于拥有反直觉销售思维的人来说，三个"为什么"已经具有巨大的价值，但你可以随时提出任意多个"为什么"！

这可能是你自己考虑不到的。)

很多时候,在我们进行这个练习时,大部分人在回答第一个问题时都会给出一个目标,而不是与他们的使命相关的内容。他们可能会说"实现财务自由"或"今年收入突破六位数"之类的。有时他们会用更个性化的方式回答,比如"赚足够的钱给家人买一套房子"或者"升职加薪",但这些仍然只是目标:外在的、有形的、可衡量的。需要进一步追问为什么,才能进一步揭示更深层次的使命。

以下是我们与一个正在发展中的公司进行这个练习的情况。该公司拥有一个由18人组成的销售团队,每个销售人员都被要求每月转化10个新客户,但我们了解到,只有4个人能够连续达到这个目标。我们问每个人:"你的使命是什么?"大多数人的回答很笼统。有人说:"帮助我的客户找到解决方案。"(嗯,真的吗?这是让你早上起床的动力吗?)

我们回应道:"为什么帮助客户找到解决方案这么重要呢?"

"因为如果能帮助客户找到解决方案,他们就会购买我的产品,那么我们就实现了双赢。"(至少这个回答更诚实了。)

第二个为什么:"为什么你需要'赢'呢?"

"如果我顺利拿下,我就能得到报酬,就有钱支付孩子的学费并安排与家人一起度假。获得报酬可以让我专注于自己想做的事情,而不是我必须做的事情。总而言之,只要我赚钱,我就是一个快乐的人,付给我的钱越多,我就越开心。"(距离我们想要的答案越来越接近了……)

然后是第三个为什么:"为什么你认为这样会更加快乐?"

"因为当我成为孩子的好父亲和妻子的好丈夫时,我最幸福。如果我能做得更多,我就不会那么担心未来了。我可以全身心地陪伴他们。"(当然!")当你发现,自己的使命实际上在于成为"爱老婆孩子的好丈夫、好父亲"时,你会更容易激励自己成为一名优秀的销售人员,而不是仅仅告诉自己为了薪水而"帮助客户"。

我们建议你进行这个练习来明确自己的使命,但也可以用它来深入了解你的销售对象的目标。如果你决定与客户一起进行这个练习,请记住,要把握适当时机,谨慎行事,以免出现尴尬的局面。(再次提醒一下,如果你觉得自己听起来很俗气,那你很可能确实俗气。你记住了吗?)为了让客户能够默许你的深入提问,你必须先与对方建立足够深厚的关系。一旦你获得了这种许可,通常是在与他们建立真诚互信的关系并相互袒露心声后,这个练习能够对你们的对话产生巨大影响。

举个例子,科林有这样一个企业客户,这家企业拥有全球规模最大的物流车队。当时科林正在与一家电动汽车和能源服务公司合作,他想把新能源物流运输车推销给那个客户。他的客户对于是否要采购显得有些犹豫不决。他们交谈时,科林问他为什么负责将新能源物流运输车加入他们的车队(第一个"为什么")。这位高管解释说,因为他的公司需要成为所在领域的创新者。科林问为什么这一点很重要(第二个"为什么"),他回答道:"因为这是我们保持行业领先地位的方式。"然后科林问,对他个人而言,为什么自己的公司保持领先地位很重要(第三个"为什么"),这时关键答案出现了:"我们有成千上万的员工。这是我的项目,这关系到我的个人价值,而不仅仅是公司的。类似这样的创新项目给了我机会从茫茫人海中脱颖而出。"在理解了该高管的目的不仅仅是成为创新者,或对整个行业产生有意义的影响,而是拥有突出的个人成就,科林就能够以有意义的方式建立联系,并帮助他明确了解将他们的车队升级为新能源物流运输车如何在各个方面提升他的个人价值。

请记住，作为销售人员，你的工作不仅仅是实现自己的目标，而是帮助客户实现他们的目标。

拟定个人使命宣言

拟定个人使命宣言并没有一个标准的方法。我们认识的某个人从列举她生活中最幸福的回忆开始，然后找出它们的共同点。她意识到，当她和那些与自己技能互补的人共同创造时，她最幸福，这使她找到了自己的使命：与有趣的人为伴，创造改变世界的产品。我们遇到的一位销售经理向团队成员提出了一系列深入的问题，比如"你愿意无偿做什么？"，"如果你能改变世界，你会做什么？"，"如果你只剩下一年的生命，你会做什么？"。然后，他从大家的答案中找到了共同之处。通过这些相同的问题，他也确立了自己的个人使命：以一种让身边的人和后代的生活变得更好的方式来生活。

我们与团队合作时，喜欢从一个快速练习开始，让大家思考他们为什么要做自己所做的事情，以及给他们的生活带来最大意义的东西是什么。这个练习可以帮助你快速拟出一份简易版的个人使命宣言：

1. 首先，列举出你的几个特质，比如热情和创新力。重点关注那些使你成为你的特质，并将其视为每日待办事项中的头等大事。你是否友好、有魅力或聪明？你是否展现出力量、适应力或冷静？如果你很难缩小范围，可以回想一下你感到成功或自豪的时刻。询问朋友他们最敬重你的哪些方面。假设你们是一对销售心态顾问兼商业教授夫妇，你可能会得出"富有激情和动力"之类的答案。

2. 现在列出你喜欢展现这些特质及与他人互动的一两种方式，比如"支持他人"和"启发他人"，将它们写成现在进行时。你是否期待与素未谋面的人进行深入的对话？如果是这样，你可以写下"建立联结"。你是否喜欢看到自己的名字在聚光灯下？如果是这样，你可以写下"取得成就"。你是否愿意花一整天与激励你的高管互动？如果是的，你可以写下"渴求知识"。而我们两个可能会写下"指导他人"和"激励他人"。

3. 接下来，回想一下你感到最快乐、最满足和最完整的时刻。那是一种什么样的感觉？如果是我们，可能是这样的：我们与他人的互动是真实、坦诚和有意义的；我们从他们那里学到的东西与他们从我们这里学到的一样多，他们对我们的使命深信不疑，迫不及待地开始践行自己的使命并影响更多的人。你的经历肯定会完全不同，这很好！试着仔细思考你所说的内容，包括你所在的地方、你身边的同伴、你的感受以及任何其他浮现在脑海中的细节，直到你能够将其归纳为一些具体的东西。

4. 最后，将这三个要素结合起来，形成一个对你有激励和启发作用的简短陈述。基于上述内容，在销售中，我们这两个讨人喜欢（有待证实但希望如此）的"销售人员"可能会这样写下自己的使命宣言：我们的使命是运用我们的激情和动力，指导和激励人们进行真实、坦诚、有意义的互动，并为这个世界带来更多真实和美好。

为了进一步完善你的个人使命宣言，我们建议遵循迈克·墨菲在《创造原则》（*The Creation Principle*）一书中提到的八项准则，他在此书的"意向声明"部分提出了这些准则：

1. 用现在时写作
2. 使用积极的语言
3. 使其在情感上具有力量和真实性
4. 表达感激之情
5. 专注于你真正渴望的东西
6. 确保内容中没有对观点的评判
7. 视其存在无限可能
8. 随着自身的发展，不断完善个人使命

这些做法可以让你的灵魂和使命产生共鸣，并内化自己的使命，充分发挥它的潜力。

我们知道"拟定个人使命宣言"的过程是有效的，因为我们已经帮助数百人完成了这样的练习。有一位年轻的创业者拥有一家服装公司，客户群体是反主流文化的学生，他苦苦挣扎维持公司的运转。当时他正在考虑放弃全力拼搏了两年的事业。在完成这个练习之后，他拟定了一个改变他对生活和事业看法的使命："我的使命是以我的同情心和激情，赋予那些不适合千篇一律的大学服装的边缘群体力量，激发他们的灵感，并为每个以自己的学校和成就为荣的人发声。"他将自己的使命宣言打印出来，并将其设为笔记本电脑和手机的屏保，这彻底改变了他对待自己的事业的方式。他决定将公司收入的一部分捐赠给他关心的心理健康事业，这改变了他与顾客的交流方式。他不再只是谈论服装，而是谈论一种对世界产生影响的方式，这是他一直以来梦想的。发生了这种转变后，他在接下来的三个月里让公司的收入增加了两倍！他的行动和对话开始有了真正的意义，而不仅仅是因为他觉得自己应该这样做。

我们班上的一位学生在向面试官推销自己时遇到了困难，她没能顺利拿下自己的第一份工作，但她想不通自己在面试工作中出了什么问题。在完成"拟定个人使命宣言"练习后，她意识到自己的使命是"运用我的技术才能和幽默感，教导和引导人们拥抱技术并消除对技术的恐惧，通过共同努力将复杂的解决方案变得易于理解，使所有人都能明白技术如何帮助他们的企业改变世界"。这使她得出结论，她一直在申请不适合她的工作，难怪她一直碰壁。很快，她在世界上最大的公司之一找到了一份技术销售人员的工作，并有机会在招聘宣讲会上与其他正在申请工作的学生分享她的故事。

最后，思考自己的目标时，与家人和朋友交谈可能会有所帮助；他们通常会察觉到我们的一些特质以及我们最关心的事情，而这些可能被我们自己忽视了。花时间认清你的使命将带来巨大的回报，这是你可以做的最具启发性的练习之一。

制定使命驱动的目标

大多数与我们合作的人，一旦明确了自己的使命，制定使命驱动的目标就变得很容易。对于你制定的任何目标，或者为你设定的任何目标，可以用一个关联词将你的目标和使命联系起来。这个关联词可以是"因为"：

"我的目标是为我的创业公司筹集 1 亿美元的新资本，因为它将为低收入社区的人们创造更多的就业机会，否则他们将无法获得这些机会。"关联词还可以是"以便"："我的目标是在一家财富 500 强公司找到工作，以便激励年轻一代的多元化候选人，让他们相信自己能够找到精神归宿。"其他关联词还有"关于""对于""由于"。

几乎在每种情况下，即使与你的使命看似完全无关的事物，也可以通过某种方式与之联系起来。一位学生完成了"拟定个人使命宣言"练习，课下她找到我们，显得非常忧虑。"我喜欢这个练习，"她告诉我们，"但它让我感到很紧张。我一直在疯狂面试，因为我原以为产品经理是我的梦想工作，但那份工作与我的使命毫无关系。"

我们请她与我们分享她的使命，她立刻说道："我的使命是通过支持、关心和激励他人，给予他们一个展现自己最佳水平的舞台，帮助他们发挥自身潜力。"这是一项打动人心的使命。现在她需要将其与设计技术产品的工作联系起来。

"产品经理的工作是什么？"加勒特问她。

"从客户、开发人员和其他利益相关者那里收集信息，把控方向，不断优化开发出的软件。"

科林进一步问道："如果你把工作做好会怎么样？"

她开始明白了："我想我们最终可以构建出对所有使用者都有价值和用途的产品。我明白你的意思了。如果我参与创造出一个优秀的产品，使用它的人获得的价值将帮助他们把工作做到最好，这有望让他们发挥自己的潜力！"

如果你无法将目标转化为使命驱动的目标，请继续思考。如果你真的遇到困难，也许是时候设定一个新目标了。

自微软公司创建初期，比尔·盖茨就一直以使命为导向。他的使命体现在微软的使命宣言中，即"予力全球每一人，每一组织，成就不凡"。看着比尔·盖茨在职业生涯中取得的所有成就（以及其他方面），很明显他的目标是由他的使命驱动的。"让每个家庭、每张办公桌上都有一台电脑"的目标显然与"予力全球每一人，成就不凡"的使命密切相关。同样的，目前微软有很多项目致力于在全球范围内消除饥饿、贫困和疾病，这也和微软的企业使命密切相关。即使是脱口秀女王奥普拉，也仍然不断地自我成长，不断地制定新的目标。她在一次采访中说道，她的新目标是弄清楚"如何让人们看到我们之间的共同点而非差异性"。这个大胆而有意义的目标，与她最初的个人使命"成为一名激励他人的导师"完全契合。

当你运用反直觉销售思维来面对生活、设定并实现使命导向目标时，你不再被"快乐水车"困住，而是在攀登你选择的山峰，期待从山顶上看到下一座峰顶。你不会因为"一旦实现一个目标就立即开始追寻下一个"而感到沮丧。你会想要继续前进，测试自己的极限，发挥所有的才能，发掘自身的潜力。你每天都能感受到自己和他人的努力带来的价值和影响。在销售工作中，你会不断地提醒自己，销售远不仅是完成交易和达成业绩。以正确方法和动机销售时，销售就可以成为世界上最强大的行善工具。

结　语

一切即销售，销售即一切

销售提供了独特的机会，让我们表达自己，与他人联结，了解自己以及更多值得探索的事物，发挥创新力，在挑战中成长。更重要的是，销售可以帮助人们进一步实现自己的目标，比如获得支持，解决生活中的问题，甚至推动变革，引领发展。销售将改变我们的生活，改变他人的生活，甚至改变世界。

当我们开始与他人分享反直觉销售思维时，我们意识到，即使是思维的微小转变，也会对人们销售的艺术性和科学性产生巨大的影响。思维中的不同元素与不同人产生了共鸣。当我们谈到一些简单的方法时，诸如"敢于表达自己最真实的想法""允许自己偶尔无知"，有些人会露出兴奋的神情。也有一些人"真心爱上他人"，不停地与美好的事物相遇。还有一些人分享自己的故事，他们之前不明白，为什么实现目标并不总是意味着收获幸福，直到他们理解了目标与使命之间的关系。

　　正如我们在本书开篇所说的，成功的道路并非只有一条，这也包括运用反直觉销售思维。以你的独特方式来运用这本书中的想法吧。专注于你的思考方式，而不是你的讲话内容。你的想法将决定反直觉销售思维对你来说意味着什么，但前提是你能够意识到它。随着时间的推移，我们希望这本书可以真正帮助你转变思维、改变自己。书中提到的所有新思维，它们彼此交织、相互影响、不断强化。这些新思维，我们运用得越多，生活就改变得越多。我们会发现自己在互动中更加投入，更加确信事情会朝着对我们有利的方向发展，并且更加渴望学到新的知识。我们开始提出更好的问题，并有意识地寻找方法，在客户、观众、学生和家人面前展现真实的自我。我们践行自己的使命，并提醒自己为过程庆祝，尤其是遇到难题的时候。

如果说从拥有反直觉销售思维的优秀人物身上学到的东西对我们产生了影响，就太轻描淡写了。与他们的互动中获得的灵感，激励我们追寻自己的目标，我们甚至还没有真正承认这个目标，却已经被带入了一个最不可思议但令人兴奋的销售周期。对这个机会的重要性的认识，来自我们最近的一次访谈和一个引人深思的问题，这是我们未曾预料过的……

迪蒂·戈登是世界上最成功的品牌专家之一。她的工作是帮助全球顶尖企业读懂消费者、市场和文化，使他们能够带着正确的信息，在正确的时间和地点与客户会面。她非常擅长自己的工作，著名作家和《纽约客》(*New Yorker*) 专栏作家马尔科姆·格拉德威尔曾经称她为"潮流猎手"。我们忍不住向她寻求一些建议。

我们在谈话的最后问她："我们如何利用这本书创造最大的影响力？"

她没有犹豫，回答道："如果读者信任你们，影响力就会最大化。这意味着他们必须了解你们。你们如何让尽可能多的人知道你们真实的样子，让他们产生购买这本书的想法，然后把感悟转化为行动呢？"

哇，这真是一个引人深思的问题！她如何知道要问我们这个呢？

迪蒂才和我们认识不到一个小时，然而，和拥有反直觉销售思维的人一样，她一眼就看出了我们的使命。她意识到，对我们来说，真正重要的不是出版这本书，而是拥有实质性的影响力。这使我们从新的角度思考我们的使命，迪蒂将一次交易型的互动变成了一次变革型的互动。我们道别时，迪蒂露出了笑容，仿佛她已经知道我们将会踏上新的旅程。

访谈结束后，我们开始尝试回答迪蒂的问题。有一段时间，我们一直回避思考这样一个问题，向大规模受众传达我们对销售的见解的最佳方式究竟是什么。我们应该推出一个播客，还是创建一个油管频道？或是通过社交媒体宣传？这些都是不错的选择，但当我们正视自己的内心，便意识到我们想要做更有影响力的事情，远超上述提到的这些，想要尝试一些从未做过的事。

我们想要制作一档电视节目。

我们问自己，是不是疯了？也许是的，但当我们仔细考虑这个想法时，我们意识到，自从我们开始写这本书，我们两个人就一直在表达这个想法。当我们讨论写作内容时，这个想法悄悄地渗入了我们彼此间的对话和与朋友的交流中。当我们比较各家出版商时，我们向作品经纪人莉莎询问了关于电视节目版权的问题。我们设想过，如果为这本书安排录制的访谈能够变成一档电视节目，那将会多么精彩。我们还多次提到，现在的电视上其实并没有真正聚焦销售的节目，毕竟，有关捕蟹、在冰面上驾驶卡车、在游轮上工作的节目都有……啊，甚至还有关于观看其他电视节目的节目！我们决定去实现这个目标，对我们而言，首先要做的就是刻意无知。

有了这个目标，我们对电视节目制作相关的一切知识充满了渴望，但我们知道一定存在具备这方面专业知识的专家，让他们发挥自己的才能而我们选择刻意无知，这可能对我们更有好处，这样我们就可以专注于自己的目标。考虑到这一点，我们约了我们的朋友乔希·珀尔共进午餐，他是创新艺人经纪公司的经纪人。我们问他，制作电视节目是不是一种妄想，让我们惊讶的是，乔希说自己非常喜欢这个想法！他对我们说："每个人，确实是每个人，每天都在某种程度上进行着销售工作。目前的电视节目中相关内容不多，这非常不可思议。虽然制作电视节目并不容易，但只要抱有正确的想法，你们一定可以做到。"

我们以学习者的身份度过了余下的用餐时间，询问让我们激情澎湃的事情，并向他寻求建议。就像拥有反直觉销售思维的人那样，乔希非常慷慨，他不仅细化了我们的想法，还超越对话主题，为我们提供了富有价值的建议。他告诉我们如何丰富制作节目的想法，详细介绍了达成制作协议的流程，并向我们提供了行业头部的相关资料，甚至还表示，一旦我们准备好了，他会给我们介绍一些能帮上忙的人。想象一下！乔希是第一个听到我们疯狂想法的人，他不仅没有嘲笑我们，而且还主动提供帮助。

在讨论下一步时，我们向彼此承诺，要在整个过程中始终展现真实的自我。我们希望创造出一部真正能够展现反直觉销售思维并代表我们自己的作品。我们发誓，不会放弃这个想法，一定会将它变为现实，完成消除销售污名化的使命。这个节目将重新定义销售，向人们展现运用新思维进行销售时，各种形式的销售将会多么出彩。

接下来，我们给予自己纯粹的创作自由——我们经常一边吃着玉米片配莎莎酱，一边喝着辣椒玛格丽特，尽情讨论各种想法。最终，我们将想法提炼成4个节目：一部关于在洛杉矶生活的不同销售人员的情景喜剧（类似《老友记》，但角色都从事销售工作）；一个以我们能想到的典型销售行业（二手车、保险、分时度假产品等）中最优秀的销售人员为主角的无脚本节目，展示人们运用反直觉销售思维进行销售时，与刻板印象完全不同；一个访谈类节目，把我们与优秀销售人员的对话呈现在荧幕上；还有一个真人秀节目，我们最喜欢这个，它充满人情味，帮助那些迫切需要将产品销售出去的人了解反直觉销售思维，以此来改变他们的生活。我们不知道这些节目是否会吸引制片人。但我们唯一确定的是，我们愿意观看其中任何一个节目，就像任何一个拥有反直觉销售思维的人一样，我们相信自己的作品。

充实这些想法的时候，我们始终保持着"反直觉销售思维"，专注过程，而非结果。这让我们保持着动力，虽然目前看上去尚未取得任何进展，但我们依然享受其中。我们提出各式各样的想法，取其精华，去其糟粕，不断纠偏，回归正题。我们对图书或博客上关于人们"应该"如何策划节目的建议选择了"刻意无知"，并不断超越自我，拓展边界。但我们确信，我们要保持鲜活。如果我们真的要践行自己所传授的内容，就不能让自己被期待性焦虑束缚，也不能照搬别人创造出来的东西。

我们始终牢记关于日常创新力的研究，并运用我们从采访中学到的一些技巧，比如在想法涌现时，保持当下的意识，不要试图评判它并提醒自己那些是糟糕的想法，许多看似糟糕的想法实际上非常重要，它能够帮助我们意识到什么才是好的想法。

当我们准备推销自己的理念时，我们刻意保持病态的乐观，在我们其中一人需要的时候（这经常发生），提醒对方，机会无处不在，只要善于发现并抓住它。如今，电视平台形式多样，应用场景逐渐丰富。我们也希望人们在理解了我们的使命后，会愿意帮助我们，因此我们把自己努力做的事情告诉任何愿意听的人，请求他们给予建议或引荐扶持，无论他们是否有可能这样做。您猜怎么着？大家都愿意帮助我们！

其中之一就是杰森·弗格森，他是我们开始写这本书时采访过的朋友、销售主管和演说家。当我们把自己的计划告诉他时，杰森的眼睛里闪烁着兴奋的光芒。"我知道你们应该和谁谈谈！"他兴奋地说道。一个小时后，我们与一家制作公司的开发高级副总裁进行了短信沟通，这家公司制作了全球最著名的几个无脚本节目。第二天，我们就和这位副总裁进行了通话，通话持续了一整晚，我们真正"爱"上了他。事实证明，我们只花几秒钟的时间就"爱"上了对方。他在领英的个人资料一下就吸引了我们的注意：毕业于南加州大学，文学学士，电影艺术专业！第二天，我们向他介绍了我们自己、我们的班级和这本书。他立即明白了。"让我们一起约见我的老板吧，"他说，"我不知道会有什么结果，但至少你们可以获得一些反馈，关于你们正在努力尝试的事情。"他的老板竟然是公司的首席创意官，负责热门无脚本节目的推广。当我们查找他的资料，想要进行爱的3×3练习时，我们很快发现，4次获得艾美奖的他是个真正的业内大咖！

在与这位大咖会面之前，我们感到很紧张。我们设想制作公司团队会把会议的发言权交给我们，就像真人秀节目《鲨鱼坦克》中，发明者需要说服投资者以获得启动资金那样，我们需要向制作公司推销自己的想法，而强势的他们对我们的想法进行一番审视批判。但事实并非如此。相反，制作公司团队热情地欢迎我们，并告诉我们他们很喜欢我们的内容，也很高兴听到我们的想法。听到这些，我们放下了戒备，在他们面前展现了真实的自己。"我们不太确定这该如何进行，"我们坦言，并向他们展现自己的思考过程："我们也不太了解你们或观众对节目的期待。我们已经有了一些让自己感到兴奋和自豪的想法，我们也很想听听你们是怎么想的。"

他们没有让我们觉得我们是卖家，他们是拥有一切权力和知识的买家，而是让我们觉得，我们自始至终是同一个团队的成员。他们真的有兴趣了解我们、我们的想法和我们的使命，我们觉得就像在白板上分享、讨论一样，大家都拥有共同的目标：在对话中找到彼此都认同的观点。他们也非常真诚，针对我们的想法提出了建设性意见，并指出了我们由于缺乏传媒经验而忽视的地方。他们给了我们很多宝贵的建议，而且似乎真的对我们和节目非常感兴趣。

在接下来的几周里，我们发现自己每一天都置身谈判桌旁，既是进行销售的卖家，又是被他人推销的买家。我们结识了许多影视经纪人，其中有一位来自创新艺人经纪公司（Creative Artists Agency）的影视经纪人（不是乔希）与我们产生了共鸣，他重申了我们内心深处的想法并最终打动了我们，那就是，我们没有被说服成为娱乐行业希望我们成为的那种形象，这便是我们的价值所在。我们决定与他合作，他安排我们与更多制作公司会面，认为这些公司可能更适合制作我们的一个或多个节目。在与这些公司的会面中，我们再次推销了我们的想法，同时他们也向我们推销了他们的价值。当一家制作公司强烈建议我们考虑做节目的主持人时，我们不得不各自向妻子推销这个建议，即我们有可能会出现在镜头前。（这些是另一本书的故事！）我们最终与一家制作公司签署了一份合同，这家公司向我们表达了关心，并推销了他们的愿景，成功地说服了我们。他们认为我们的想法中有很多非常好的地方，显然他们不仅擅长看到事物的积极面，而且知道在哪里可以发现它们。他们能说会道，把我们的想法描述得绘声绘色，甚至还带来了我们未曾想到的新点子。

在所有这些互动中，就像我们在写书过程中发现的那样，反直觉销售思维使这段经历变得非常愉快，我们受益良多。我们展现了真实的自我，从未不懂装懂。我们从犯过的错误中吸取了教训，"爱"上了很多我们从未预料过会遇见的人，并真正感觉到他们中的许多人都变成了和自己身处同一团队并肩作战的队友。这时，又一个销售人员的刻板印象——金钱至上，以自我为中心——被证明是错误的了。允许自己发挥创新力，它为我们的每一天注入快乐，也让我们能够以一种全新的方式来实现我们的目标，推动我们实现消除销售污名化的使命。

我们仍然不知道这个故事的结局，但结局也许并不重要。事实上，这就是我们要表达的重点。重要的不是庆祝结局，而是庆祝过程。我们享受着胜利，从错误中汲取教训。也许，在理解反直觉销售思维的整个过程中，我们学到的最宝贵的一课就是，此时、此地、此刻，所有现在发生的，就是电影里的最佳时刻。我们不会花 72 美元买两张电影票和一些酸味软糖，只是为了电影最后的结局，看看主角是不是最后的赢家。我们想要看到影片中发生的一切。我们想要看到跌宕起伏的剧情，看到错误与教训，看到冒险和欢乐。如果能够记住这一点，我们就会意识到，无论何时何地，自己总是身处电影里的最佳时刻。每个人的人生都是一部电影。当我们回顾电影中的每个片段，无论经历是好是坏，都会成为"美好的旧时光"。如果能够这样想，销售（和生活）中的戏剧性事件就会成为丰富我们人生电影的素材。

销售不是一件可耻的事情。它提供了一个独特的机会，让我们表达自己，与人联结，了解自己（以及更多值得探索的事物），发挥创新力，在挑战中成长。最重要的是，它可以帮助人们进一步实现自己的目标，无论通过哪种途径，比如获得支持，或是帮助人们解决生活中的问题，甚至是推动变革，引领发展。

我们在本书的开头告诉过你，我们问过许多非常成功的销售人员一个相同的问题：你心目中最伟大的销售员是谁？在我们听到的所有答案中，有两个名字出现的次数最多：史蒂夫·乔布斯和马丁·路德·金。仔细想一想。过去 100 年中最有影响力的两个人物，因为他们的销售能力而被铭记，至少在某些人眼中是这样。下次当你为销售感到不安时，请记住这一点。为销售而感到自豪吧。对于你们中的某些人而言，销售将会改变你的生活。对于你们中的另一些人而言，销售将会改变他人的生活。而对于你们中的少数人来说，销售可能会改变世界。

爱你们。

科林和加勒特

致谢

来自科林和加勒特

据说最好的学习方法是教会别人,这本书就是最好的证明。多年来,参加我们课程的学生用各种方式给我们支持鼓励,与我们探讨观点,让我们成为更好的自己。看到他们在"真实世界"中运用反直觉销售思维来规划职业生涯和丰富人生经历时,我们备受鼓舞。如果没有我们的学生,这本书就不会存在,我们将永远感激他们。

我们总是试图向学生传授这样一个道理,那就是,如果你不开口问,那么答案永远是"不"。刚开始写这本书的时候,我们惊讶于有那么多人愿意在我们提问时帮助我们,即使他们中的许多人并不知道我们是谁,而且其中肯定没有任何明显的好处。在此,我们要衷心感谢那些大方接受我们采访的人。你们都非常出色,我们多希望能够把你们每个人的故事和经验教训分享给大家。书中内容很多,但篇幅有限,我们一定会尽力寻找其他途径来分享你们的观点,让其他人也可以像我们一样,从你们的人生智慧中受益。

对于帮助我们获得大量采访机会的人,我们也要道一声感谢。没有你们,这一切都不可能发生!非常感谢你们向我们介绍了世界上最迷人有趣却难以接触到的人物。你们本不需要为我们背书,但你们却这样做了,我们对此深表感谢。

我们深知,在通往成功的道路上,相伴前行的人和我们自身的努力一样重要。我们十分有幸,图书团队成员都是非常优秀的人,当然,他们的优秀远远不止体现在工作方面。我们要感谢作品经纪人莉莎·迪莫纳,她陪伴我们度过了将近两年的时光,当我们面临挑战时,她总能给予我们特别好的建议,让我们的文字更精炼、语言更精准。谢谢你把我们在面对学生或观众时说的话变成了书页上的铅字。我们要感谢图书编辑埃米莉·卢斯,她面对的任务可能是最艰巨的,要把两个声音和数以万计(至少如此!)的文字凝练成你刚刚读完的这本书,但她出色地完成了这项任务。我们还要感谢来自哈珀柯林斯出版社的霍利斯·海姆鲍奇,他引领我们、支持我们,感谢他冒险选择了两位首次出版的作者,除了使命和计划,以及多得溢出来的病态乐观,我们两个好像什么都没有。感谢你们所有人对我们的信任。你们改变了我们的生活。

在我们的旅程中,有些人虽然中途才加入,但仍对结果产生了巨大影响。维尔·威瑟尔和尼基·卡茨,谢谢你们,翻看这本书时,仍然可以感受到你们对我们的思想雏形产生的影响。王温蒂,你的职业发展速度比写书的过程快得多,感谢你愿意从百忙之中抽出时间与我们分享你的想法,你的观点使我们获益良多。

最后,我要对你说声谢谢,感谢你阅读我们的书。希望你能像我们享受写作过程一样,享受这次阅读体验。在你实现目标的过程中,如果有任何需要帮助的地方,请随时和我们联系,我们一定不遗余力。

致 谢

来自加勒特

　　写一本书可不是闹着玩的。在那些没有敲击键盘打字的时间里，这本书还是会一直萦绕心头，不受控制。幸运的是，我的妻子劳伦是一个超人，她一边照料家庭一边工作，还能处理好无数其他事情，让我们的生活无比顺畅。劳伦，你是世界上最好的伴侣，谢谢你的存在，让我有机会去追寻那些疯狂的梦想。

　　我的儿子们，库伯和布雷迪，他们是我认识的最优秀的"销售人员"。对他们说"不"真的太难了，如果你这么做了，他们一定会想方设法改变你的想法！库伯和布雷迪，我所做的一切都是为了你们，我爱你们。

　　我的父母，史蒂夫和谢莉，他们是我心目中的英雄。我相信任何一个合格的咨询师都会这样告诉我，我以律师（像我父亲一样）开启了职业生涯，现在的我成了一名教师（像我母亲一样），这并不是一个巧合。在我心中，没有比你们更好的榜样了。我的爸爸妈妈，谢谢你们。

　　我所有的家人朋友，我也要深深地感谢你们。我知道，你们会因为我没有逐个感谢你们而生气，但你们可以归咎于哈珀柯林斯出版社限制了我们的致谢页数以及科林对于公平公正的要求，他说要我分一半给他。

　　说到科林……科林，谢谢你在一个有点缺乏安全感、喜欢过度分析的内向者身上看到了一些东西，并决定与我携手前行。我认为，很少有人能够每天与他们最好的朋友一起玩耍、一起工作，但我是幸运的。对此，我的心中充满感激。相识以来，我们一直在疯狂地冒险，而我们都知道，这场冒险旅程才刚刚开始！

来自科林

玛戈,你是我的一生挚爱。没有你,这本书就不会存在。在我感到脆弱的时候,是你给了我勇气。

当我在飞机上、舞台上、酒店里或是车库里奋笔疾书的时候,你在厨房忙碌,给孩子换尿布,哄他们入睡,日复一日地照顾我们的家庭,这样我才能够追求我的梦想……同时,工作中的你还有着成功的事业,以及一群依赖你的团队成员。你真的太厉害了,玛戈。我爱你,我为能成为你的丈夫而感到骄傲。谢谢你。

兰博(利亚姆)和凯尔(凯莱布),我所做的一切都是为了你们。爸爸非常爱你们。在创作这本书的过程中,最艰难的部分就是与你们分开的时光。你们是我见过的最有同情心和最善良的人。谢谢你们每天教会我的道理,你们证明了奇迹的存在。永远记住第一条家规!

我亲爱的父母,乔伊丝和文顿。我从小就感觉自己比实际上更特别,主要是因为你们一直这样对我说。我不知道为什么我选择相信这一点,但因为你们的话,也因为你们的存在,我才成为今天的自己。实际上,你们两个才是真正特别的人。谢谢你们的"错觉",现在的我终于明白了。我爱你们。

我的兄弟们,没有人会真正知道你们对我有多重要!我从来不必担心后方,因为我的身后总有你们的支持。你们每天都激励我,我非常感激有你们在我身边。对我而言,你们就是反直觉销售思维的一切,我爱你们。

说到兄弟,加勒特,我不知道我们为什么这么幸运。噢,等等,我知道了……因为有你。我爱你,伙计(加勒特不喜欢我说"兄弟"这个词)！让我们一起干杯，致敬电影中的最佳时刻！

　　Jay-Z、巴拉克·奥巴马和兰尼·克拉维茨，你们的真实和真诚以最有意义的方式启发了我。谢谢你们的存在，让我这样的人能够仰慕你们这样的人。